완주 모악산 대원사의 문화유산

사찰연구총서 001

완주
모악산 대원사의
문화유산

동북아불교미술연구소 편

감사의 글

　대원사大院寺는 전라북도 완주군 구이면 원기리 모악산母岳山 동쪽 기슭에 위치한 사찰로, 대한불교조계종 제 17교구 금산사金山寺에 속한 말사末寺입니다. 대원사는 전형적인 산지 사찰임에도 불구하고 석축을 활용하여 비교적 넓은 대지를 조성한 다음 전각을 배치하여 정연한 가람 배치를 취하고 있습니다. 대원사가 위치한 지역은 모악산 줄기로부터 뻗친 능선이 끝나는 지점으로 좌우에 앞으로 펼쳐진 능선이 사찰을 감싼 형상으로 이어져 있어 아늑하고 안정적인 자리에서 먼 곳을 굽어보는 듯한 위치에 있습니다. 우리나라 많은 사찰들이 그러하겠지만, 대원사가 위치한 지점이 풍수지리사상과 연관되어 있음을 쉽게 알 수 있습니다. 또한 대원사 가람에서 대웅전과 석탑의 배치가 그러한 점을 더욱 분명하게 해줍니다.

　현재 대원사 가람의 주요 전각으로는 대웅전, 명부전, 나한전, 삼성각, 적묵당, 모악당, 향적당, 종각, 요사 등이 있습니다. 그리고 석탑을 비롯하여 몇 기의 석조부도들이 위치하고 있는데, 이러한 석조문화재는 대원사의 연혁과 가람의 변천과정을 알려주는 중요한 자료입니다.

　본인이 주지의 소임을 맡아 2001년에 부임하여 체계적인 성보문화재의 관리와 중생구제衆生救濟에 매진하여 대원사는 새로운 도약기를 맞이하고 있습니다. 온고이지신溫故而知新이라는 말처럼 발밑을 바라보던 시선을 먼 미래로 옮기려고 한다면 마땅히 옛 전통과 지나온 자리를 바로 보아야 합니다. 이러한 시기를 맞이하여 대원사의 발자취를 되돌아보고 그 동안의 역사를 밝히는 일은 앞으로 발전을 기약하는 의미가 있는 시도가 될 것입니다.

본서의 발간을 계기로 대원사와 함께하는 사부대중은 부처님의 혜명慧命을 이어 중생의 어려움과 괴로움을 구제하는 데 진력할 것입니다. 특히 문화재청 최선일 문화재감정위원은 쉬는 날이면 서울에서 완주까지 매주 내려와 대웅전이나 명부전에 봉안된 부처님의 제작 시기와 작가 등을 연구하여 문화재적 가치를 밝혀주었고, 본서를 발행할 수 있도록 많은 연구자와 대원사 성보문화재를 연결시켜 주는 가교架橋 역할을 해주었습니다. 이외에도 동국대학교 태경스님, 단국대학교 엄기표 교수님, 문화재청 최경현 위원님, 한양대학교 한동수 교수님, 故 박원규 충북대학교 교수님, 김요정 충북대학교 목재연륜소재은행 상임연구원님, 한봉석 충북대학교 겸임교수님 등의 연구와 논문 등은 천년 고찰 모악산 대원사의 역사를 밝혀주는 계기가 될 것입니다.

이 책의 출간으로 천년의 역사 속에 아무런 흔적도 남아있지 않은 사찰의 역사를 되찾아 복원되기를 기원하면서 오늘의 이러한 법연法緣이 상구보리上求菩提 하화중생下化衆生의 보살도로 실천되기를 발원합니다.

불기 2561년 4월

완주 대원사 주지 **석문** 합장

차 례

완주 대원사의 석조미술에 대한 고찰과 미술사적의의

❖ 이 논문은 2011년 4월 16일 동북아불교미술연구소·문화유산연구소 주최로 열린 완주 대원사 학술대회에서 발표했던 내용을 수정·보완하여『전북사학』39호(2011. 10)에 게재했던 것이다.

Ⅰ. 머리말

대원사大院寺는 완주군 구이면 원기리 모악산母岳山 동쪽 기슭에 위치하고 있는 사찰로 모악산에 자리 잡고 있는 금산사金山寺, 귀신사歸信寺 등과 함께 모악산을 주산으로 하는 대표적인 사찰 중에 하나이다. 대원사는 전형적인 산지 사찰임에도 불구하고 석축을 활용하여 비교적 넓은 대지를 조성한 다음 가람이 조영되었기 때문에 비교적 정연한 가람 배치를 취하고 있다. 대원사는 모악산 줄기로부터 뻗친 능선이 끝나는 지점으로 좌우에는 앞으로 펼쳐진 능선이 대원사를 감싼 형상으로 이어져 있어 아늑하고 안정적인 자리에서 먼 곳을 굽어보는 듯한 위치에 점지되었음을 알 수 있다. 우리나라 많은 사찰들의 점지가 그러하듯 대원사도 위치 선정이 풍수지리사상과 연관되어 있음을 쉽게 알 수 있다. 또한 대원사 가람에서 대웅전과 석탑의 배치가 그러한 점을 더욱 분명하게 해주고 있다.

대원사는 『삼국유사三國遺事』에 창건 시기를 알 수 있는 기록이 전해지고 있는 고찰古刹이기도 하며, 그 이후의 역사서에도 꾸준하게 전재되어 있는 유서깊은 사찰로 법등이 연면히 계승되었음을 알 수 있다. 또한 대원사 남쪽으로 대지를 조성하기 위하여 쌓은 석축이 고식古式 수법을 보이고 있으며, 제작 시기가 올라가는 기와 편과 자기 편들이 산재되어 있는 것으로 보아 창건 이후에도 법등이 지속되었음을 증명해 주고 있다. 그래서 대원사는 오늘날까지 완주와 전주 일대에 소재한 사찰 중에서 중요 사찰로 자리매김하고 있다. 현재 대원사 가람의 주요 전각으로는 대웅전, 명부전, 삼성각, 모악당, 종각, 요사 등이 있다. 그리고 석탑을 비롯하여 가람 북편으로 여러 기의 석조부도들이 위치하고 있다. 이러한 유물들

도 1. 대원사 전경

도 2. 대원사 주변 전경

은 대원사의 연혁과 가람의 변천과정을 알려주는 중요한 자료들이라 할
수 있다. 어쨌든 현재 대원사에 유존되어 있는 조형물 중에서 많은 내우
외환內憂外患에도 파손되지 않고 전해지고 있는 대표적인 유물은 석조문

화재라 할 수 있으며, 대원사의 연혁과 관련해서도 중요한 학술적 가치가 있다고 할 수 있다.[1) 석조문화재는 목재나 청동 등 다른 재질로 만들어진 것보다 내구성이 강하고, 옮기기 힘든 측면 등이 있기 때문이다. 이에 따라 그동안 대원사의 연혁에 대한 구체적인 고찰이 없었기 때문에 대원사의 연혁을 담고 있는 기록이나 유적·유물들을 중심으로 밝혀줄 만한 자료들을 살펴보고, 대원사에 남아있는 석탑石塔과 석조부도石造浮屠에 대한 구체적인 고찰이 없었기 때문에 이들 석조미술에 대하여 양식과 건립 시기를 고찰해 보고자 한다. 또한 대원사를 중심으로 인근 사찰들의 석조미술과 비교하여 미술사적 의의를 살펴보도록 하겠다.

Ⅱ. 대원사 관련 기록記錄과 연혁沿革에 대한 고찰

대원사는 고찰로서 초창 이후 법등이 끊어지지 않고 연면히 지속된 사찰임에도 불구하고 구체적인 연혁을 전해주는 자료는 많지 않은 실정이다. 먼저 대원사의 초창 시기와 관련하여『삼국사기三國史記』에는 기록되지 않았지만『삼국유사三國遺事』에 초창 시기를 전해주는 내용이 전재되어 있다. 삼국시대 원효대사元曉大師와 의상대사義湘大師는 도반이 된 후 고구려에서 백제로 망명한 보덕화상普德和尙으로부터『열반경涅槃經』과『유마경維摩經』등을 배웠다고 한다. 보덕화상은 고구려 보장왕 때의 승려로 자字는 지법智法이었고, 평안남도 용강현龍岡縣에서 출생하였다. 그는 대보산大寶山 바위 아래에서 선관禪觀을 닦고, 그곳에 영탑사靈塔寺를

<hr>

1) 金鍾太,「大圓寺 雙龍浮屠와 五層石塔」,『考古美術』87號(8卷 10號), 考古美術同人會, 1967;『完州地方文化財地表調査報告書』, 국립전주박물관, 1988.

세웠다. 그가 반룡산盤龍山 연복사延福寺에 있을 때인 641년경 연개소문이
정변을 일으켜 보장왕寶藏王(642~668)을 옹립하여 도교를 존중하고 불교를
숭상하지 않으니 국운이 위태롭게 될 것을 걱정하여 여러 차례 왕에게 간
하였으나 왕이 이를 듣지 않자 650년경에 백제의 완산주完山州 고대산孤大
山으로 옮겨가 경복사景福寺를 짓고 살았다고 한다.[2] 이러한 것으로 보아
현재는 폐허가 되어 사지만 남아있는 경복사는 650년경을 전후한 시기에
창건된 것으로 보인다. 그의 제자인 무상無上·적멸寂滅·의융義融·지수智
藪·일승一乘·심정心正·대원大原 등이 각각 절을 세워 열반종涅槃宗을 널리
알렸는데, 이중에서 일승과 심정 등이 모악산 기슭에 대원사를 세우고 멀
리서나마 보덕普德이 있는 경복사를 바라보면서 수행하였다고 한다. 이러
한 기록으로 보아 원효와 의상이 경복사에 머물고 있던 보덕화상을 찾아
가『유마경』과『열반경』을 수학한 시기는 650년에서 백제가 멸망한 660
년 사이일 것으로 추정된다. 당시 보덕화상이 창건하였다는 경복사에 대
한 구체적인 연혁이나 위치를 알만한 기록은 찾아볼 수 없다. 다만 고려
시대에 이르러 대각국사大覺國師 의천義天과 이규보李奎報가 경복사에 있던
보덕화상普德和尙 진영眞影에 참배한 기록이 전하고 있어 고려시대까지 법
등이 유지되었음을 알 수 있다.[3] 그리고 1424년 선교양종禪敎兩宗으로 불
교계를 통합할 때 경복사가 당시 교종敎宗 18사寺 중에 하나였던 것으로
보아 당시까지 상당한 규모의 사찰이었던 것으로 보인다. 당시 경복사는
원속전元屬田이 1백결結인데, 50결結을 더 주어 150결의 토지가 주어졌고,

. . . .

2)『三國遺事』卷 3, 興法 3, 寶藏奉老 普德移庵條.
　연개소문이 營留王(618-642)을 시해하고 보장왕을 옹립한 후 당으로부터 道士 叔
　達 등을 맞아들이고, 老子『道德經』을 수입하여 道敎를 숭신하는 정책을 펼친다.
　나아가 불교 사원을 폐하여 道觀으로 삼고, 토지와 노비를 환원하는 정책을 펼치는
　등 불교를 탄압하게 된다. 이와 같은 고구려의 정치적 변화와 불교계에 대한 탄압으
　로 보덕화상은 남쪽으로 내려와 망명한 것으로 보인다.
3)『新增東國輿地勝覽』33卷, 全州府, 佛宇條.

70명의 승려가 상주했다고 한다.4) 이러한 경복사가 언제 폐사되었는지는 구체적으로 알 수 없다. 다만 1799년에 편찬된『범우고梵宇攷』에 경복사가 존재한다고 기록된 것으로 보아 그 이후에 폐사된 것으로 보인다.5) 이러한 것으로 보아 경복사는 삼국시대 창건된 사찰로 원효대사와 의상대사가 일정기간 머물며 보덕화상으로부터 경전을 수학했던 유서 깊은 곳임을 알 수 있다. 그런데 당시 보덕화상의 제자들이 여러 지역에 금동사金洞寺, 진구사珎丘寺, 대승사大乘寺, 대원사大原寺, 유마사維摩寺, 중대사中臺寺, 개원사開原寺 등 다수의 사찰을 세웠다고 한다.6) 이중에서 대원사는 보덕화상의 제자 일승一乘, 심정心正, 대원大原 등에 의하여 창건되었다고 한다. 이러한 기록으로 보아 완주 대원사는 삼국시대 말기에 창건되었을 것으로 보인다. 그러나 현재 대원사 사역에서는 삼국시대나 통일신라 초기로 보이는 유적이나 유물이 발견되지 않고 있다. 다만 비교적 가까운 곳에 위치하고 있는 경복사지에서 삼국시대로 추정되는 유적이나 유물들이 발견되었고, 대원사 창건과 관련된『삼국유사』의 기록으로 보아 큰 규모는 아니지만 7세기 후반경에는 대원사가 창건되어 법등을 유지하고 있었던 것으로 추정할 수 있다.

그리고 통일신라시대와 고려시대에 들어와서도 대원사의 연혁과 관련

---

4) 『世宗實錄』24卷, 6年 4月 5日(庚戌).

5) 『완주 경복사시 시표조사 보고서』, 전북대학교 박물관, 2000.
현재 경복사지는 전라북도 완주군 구이면 평촌리 高德山 기슭에 소재하고 있는 사지로 석축이 잘 남아 있고, 삼국시대의 것으로 추정되는 유물들이 많이 출토되었다. 이곳에서 건물지와 석등 대좌 등이 확인되었고, 기와편에서 景(慶)福寺임을 알 수 있는 명문이 발견되었다. 또한 '高德山 景福寺 萬曆 四十○年'이라고 명문이 새겨진

6) 『三國遺事』卷第三, 興法第三, 寶藏奉老 普德移庵條.
'具如 國史 餘具載夲傳與 僧傳 師 有高弟十一人 無上和尙 與弟子 金趣 等創金洞寺 寂滅 義融 二師創珎丘寺 智藪 創大乘寺 一乘 與 心正 大原 等創 大原寺 水淨 創維摩寺 四大 與 契育 等創中臺寺 開原和尙 創開原寺 明德 創燕口寺 開心 與 普明 亦有傳皆如本傳'

된 구체적인 기록은 남아있지 않은 실정이다. 그렇지만 현재 대원사 일대에서 고려시대 제작된 기와 편과 청자 편 등이 발견되고 있으며, 대웅전 뒤쪽에 고려전기 건립된 것으로 추정되는 석탑石塔이 남아있어 고려시대에도 법등法燈이 지속되었음을 알 수 있다. 특히 석탑이 건립된 고려전기에 대원사가 대대적으로 중창내지는 중수되었을 것으로 보인다. 이후 대원사는 고려시대인 1130년(인종 8)에 원명국사圓明國師 징엄澄儼(1090~1141)이 중창했다고 전한다. 징엄은 대각국사 의천(1055~1101.10.05)의 제자로 1103년 중광사重光寺 주지로 임명된 후 홍원사洪圓寺, 개태사開泰寺, 귀신사歸信寺, 흥왕사興王寺 등의 주지를 역임하고, 1126년(인종 4) 귀신사로 하산할 것을 왕에게 청하자 인종이 중사中使를 보내 호송토록 했다고 한다. 그는 흥왕사 주지를 역임하기도 하지만 주로 귀신사에 머물면서 중생교화를 펼치다가 1141년 4월 21일 입적한다. 기록상 등장하는 귀신사가 오늘날 김제 귀신사를 지칭하는지는 불분명하지만 여러 정황으로 보아 맞는 것으로 보인다. 원명국사 징엄은 귀신사에 주석하면서 비교적 가까운 곳에 위치하고 있으며, 유서 깊은 대원사를 방문했을 가능성이 높다. 나아가 구체적인 입증자료는 없지만 원명국사 징엄에 의하여 대원사가 중창되었을 가능성도 충분하다. 한편 대원사는 고려말기인 1374년(공민왕 23)에 선각왕사禪覺王師 혜근惠勤(1320~1376.05.15)에 의하여 중창되었다고 전하고 있다. 그리고 조선시대 기록된 내용이기는 하지만 『신증동국여지승람新增東國輿地勝覽』, 『범우고梵宇攷』, 『동문선東文選』 등에 대원사大圓寺와 관련하여 박춘령朴椿齡의 시詩가 전해지고 있다.7) 박춘령의 생몰년과 구체적인

....

7) 『東文選』 第12卷, 七言律詩.
   簿領三年百病身 / 공무에 바쁜 3년 병도 많은 몸으로서
   退公時訪舊情親 / 공사를 끝내고는 때로 옛 친구 찾아보네
   高低樹密疑無路 / 높고 낮은 빽빽한 숲에 길이 없는가 의심터니
   次第花開別有春 / 차례로 꽃은 피어 봄을 따로 마련했네
   洞壑陰晴俯仰異 / 골안의 날씨는 굽어보고 쳐다봄에 다르고

행적은 알려진 것이 많지 않지만 고려전기의 문신으로 문과에 급제하여 대제를 지냈고, 완산군수完山郡守를 거쳐 시랑侍郎이 된 인물로 전한다. 그는 완산군수 재직시 최척경崔陟卿, 최균崔均,[8] 최송년崔松年 등을 선발하였는데, 벼슬이 교체되어 서울로 돌아올 때 이들을 데리고 와서 공부시켜 나중에 훌륭한 인물이 되었으며, 이들을 완산삼최完山三崔라고 불렀다고 한다. 이러한 것으로 보아 박춘령은 완산군수 재직 시 대원사를 방문하고 그 감회를 시로 읊었던 것으로 보인다. 한편 박춘령은 경복사에 보덕화상의 진영이 봉안되어 있었으며, 이인로李仁老(1152~1220)와 이규보(1168~1241) 등과 함께 보덕화상의 진영에 예배하고 시를 지었다고 한다. 이러한 것으로 보아 대원사는 고려시대에도 법등이 지속되었으며, 경복사와 함께 이 지역의 중요 사찰로서 산지에 위치하여 경관이 좋았던 사찰로 알려져 있었음을 알 수 있다.

이후 대원사는 조선시대 들어와 사세寺勢가 위축되었을 것으로 보인다. 조선전기는 성리학적 유교사관이 정치 이데올로기화되면서 불교계의 위축에 따라 전국의 많은 사찰들이 사세가 약화되었기 때문에 대원사도 이러한 경향을 피하지는 못했을 것이다. 그러나 조선 태종대, 세종대에 걸쳐 많은 사찰들이 훼철되거나 폐사廢寺되었음에도 불구하고 대원사는 법등이 유지되었던 것으로 보인다. 조선초기인 1415년(태종 15) 중창 내지는 중수되었음을 알 수 있는 내용이 전한다. 즉, 전하는 바에 의하면 1948년성 대웅전 복원 불사 당시 지붕의 기와 가운데 '영락을미년永樂乙未年'이라고 새겨진 망와가 있었다고 한다. 이 기와의 내용이 맞는다면 당시 불교계가 위축되면서 불사가 많지 않은 실정에서도 대원사는 불사佛事가 이루어

　　燺霞紫翠暮朝新 / 안개의 자주빛·푸른빛은 아침 저녁에 새로위라

　　遠公不用過溪水 / 혜원 저 스님은 시냇물을 건널 것 없네

　　自有山人迎送人 / 보내고 맞는 산 사람이 있지 않은가

8) 崔均은 나중에 『詳定古今禮』 편찬에도 참여한 인물이었다.

졌음을 알 수 있다. 1530년(중종 25)경에 완성된 조선전기 대표적인 지리서인 『신증동국여지승람』에 의하면 당시 전주부全州府에 주요 사찰로 귀신사歸信寺, 보광사普光寺, 서고사西高寺, 남고사南高寺, 천룡사天龍寺, 경복사景福寺, 임천사臨川寺, 사대사四大寺, 흑석사黑石寺, 원암사圓巖寺, 봉서사鳳棲寺, 대원사大圓寺 등이 있는데, 대원사는 모악산에 소재하고 있다고 기록되었다.9) 그리고 대원사와 관련된 박춘령朴椿齡의10) 시 한편이 소개되고 있는 것으로 보아도 법등이 유지되고 있었음을 간접적으로 알 수 있다. 그리고 대원사에서 수습된 명문기와 중에 '만력십칠萬曆十七年'명 암막새(1589)가 있는 것으로 보아 임진왜란 직전에도 어느 법당인지는 알 수 없지만 중수가 있었음을 알 수 있다.

이후 1597년 정유재란으로 대원사 가람 대부분이 소실되자 1606년(선조 39)에 진묵대사震默大師 일옥一玉(1563~1633)이 중창했다고 한다.11) 진묵대사는 당호堂號가 월파당月波堂으로 완주 봉서사에서 출가한 서산대사 문도였으며, 조선중기 봉서사를 중심으로 호남 일대에서 크게 활약한 대표적인 승려였다.12) 호남 일대에는 조선후기 진묵대사가 중창하거나 중수한 사찰들이 많이 있다. 그리고 조선후기 대원사의 중창 사실을 증명해주는 명문기와들이 대원사에 남아있다. 현재 '만력사십육년사월萬曆四十六年四月'명 암막새(1618.4), '대원사大元寺'명 수기와, 연화문 수막새 등 다수의 조선후기 기와들이 남아있어 양란 이후 대원사가 중창되었음을 알 수 있다. 그리고 대원사 대웅전에는 목조삼세불좌상이 조성 봉안되어 있는데, 구체적인 조성 시기를 알려주는 복장기는 남아있지 않지만 시주자 명단이

----

9) 『新增東國輿地勝覽』第33卷, 全州府, 佛宇條. '大圓寺 在母岳山'
10) 『梵宇攷』에는 朴春岑으로 기록됨.
11) 김상영 外, 『한국의 전통사찰 ⑧ - 전북의 전통사찰 Ⅰ』, 사찰문화연구원, 1997.
12) 현재 浮屠가 완주 봉서사에 건립되어 있으며, 眞影은 여러 사찰에 봉안되어 있는데, 부산 범어사에도 봉안되어 있어 양란이후 그의 영향력이 높았음을 알 수 있다.

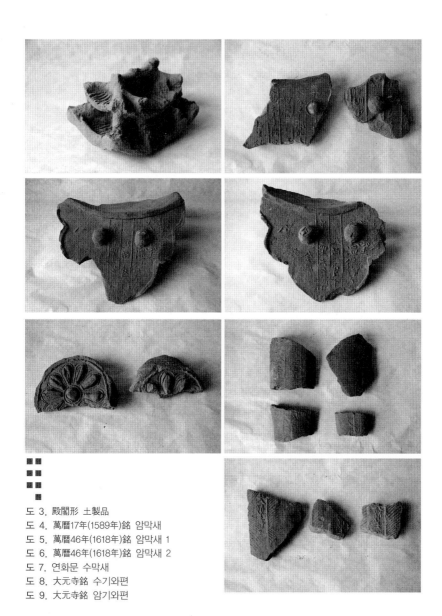

도 3. 殿閣形 土製品
도 4. 萬曆17年(1589年)銘 암막새
도 5. 萬曆46年(1618年)銘 암막새 1
도 6. 萬曆46年(1618年)銘 암막새 2
도 7. 연화문 수막새
도 8. 大元寺銘 수기와편
도 9. 大元寺銘 암기와편

도 10. 대웅전 목조삼세불좌상

도 11. 시주자 명단이 기록된 발원문

기록된 조성발원문 일부가 전해지고 있다. 또한 불상 재료에 대한 수종
분석과 연륜연대 분석, 조각 양식 등으로 보아 1670년경을 전후한 시기에
조성된 것으로 추정되고 있다.[13] 이러한 것으로 보아 17세기 초반에 이어
17세기 후반경에도 불상 조성과 함께 불사가 이루어졌음을 알 수 있다.
따라서 대원사는 양란으로 소실되자 17세기대에 들어와 지속적으로 불사

. . . .

13) 최선일, 「완주 대원사 대웅전 목조불상의 제작시기와 조각승 推論」, 『文化史學』 35,
   한국문화사학회, 2011.

가 이루어지면서 가람의 면모를 다시 갖추어 나갔던 것으로 보인다. 그리고 1733년(영조 9)에 동명천조東明千照가 불사했고, 1886년(고종 23)에는 건봉사乾鳳寺에 있던 금곡인오錦谷 仁旿와 함수사咸水山 거사居士가 대원사로 와서 중창 불사를 하였다고 한다. 당시 금곡 인오 스님은 대웅전을 중건하고 명부전을 중수했으며, 칠성각을 새로 짓고 산내 암자인 내원암內院庵에 있던 염불당을 대원사로 이건했다고 한다.

그리고 조선후기 영조대(1724~1776)인 1757년에서 1765년 사이에 각 읍에서 편찬한 읍지를 모아 성책成册한 전국 읍지인『여지도서輿地圖書』에 귀신사歸信寺, 보광사普光寺, 동고사東高寺, 고사高寺, 남고사南高寺, 경복사景福寺, 임천사臨川寺, 흑석사黑石寺, 원암사圓巖寺, 봉서사鳳捿寺, 장파사長波寺, 송광사松廣寺, 정수사淨水寺, 북진사北辰寺, 안영사安永寺, 위봉사威鳳寺, 진북사鎭北寺 등과 함께 대원사가 전주부全州府의 서북쪽 30리 모악산 기슭에 소재하고 있다고 기록되어 있다.[14] 또한 조선 후기의 학자 신경준申景濬(1712~1781)이 당시 전국 각지에 소재한 사찰의 이름과 소재지를 밝힌『가람고』와[15] 1799년(정조 23) 고금의 문집과 읍지 등을 고증하여 각 도에 흩어져 있는 사찰의 존폐, 소재, 연혁 등을 기록한『범우고』[16] 등에도 대원사의 소재를 밝히고 있다. 또한 현재 대원사에 남아있는 석조부도들이 조선후기 건립된 것으로 보아 당시 유력한 승려들이 머물면서 법등이 지속되었으며, 이 지역의 중심적인 사찰로서 유지되었음을 알려준다. 그리고『호남읍지湖南邑誌』와[17] 광무연간光武年間에 편찬된『전라북도각군읍지全羅北道各郡邑誌』에도 대원사가 귀신사, 보광사, 서고사, 남고사, 원암사, 봉서사, 장파사, 송광사, 정수사, 북진사北辰寺, 안영사安永寺, 위봉사, 일출암日出庵, 단암사丹

. . . .

14) 『輿地圖書』, 全州府, 佛宇條. ‘大圓寺 在母岳山府西北三十里’
15) 『伽藍考』, 全羅道, 全州條. ‘大元寺 在母岳山西南三十里’
16) 『梵宇攷』, 全羅道, 全州條. ‘大圓寺 俱在母岳山’
17) 『湖南邑誌』, 全州府, 佛宇條.

도 12. 삼성각 불화(乾隆銘)   도 13. 대웅전 내 진묵대사 진영

嚴寺 등과 함께 전주에 소재하고 있는 것으로 전재되어 있다.[18] 한편 조선 말기에는 증산교甑山敎를 만든 강일순姜一淳(1871~1909)이 모악산일대와 대원사에 머무르며 도를 깨우쳤다고 전한다. 또한 1906년 4월 진호당振月堂 천호天湖가 그린 진묵대사 진영이 조성되어 봉안되기도 하여 20세기 초반경까지 불사와 함께 법등이 유지되었음을 알 수 있다.[19] 이처럼 대원사는 창건된 이후 일시적으로 사세寺勢가 위축되거나 전소되는 불운을 겪기도 했지만 많은 내우외환과 전란에도 폐사되지 않고 오늘날까지 법등이 이어지고 있는 사찰임을 알 수 있다.[20]

....

18) 『全羅北道各郡邑誌』, 全州, 寺刹條. '大圓寺 在郡西南三十里'
19) 崔卿賢, 「완주 大院寺 소장 震黙大師 眞影에 대한 小考」, 『文化史學』 35, 한국문화사학회, 2011.

Ⅲ. 대원사 석조미술의 양식樣式과 편년編年 고찰

1. 오층석탑

현재 대원사에는 2기의 오층석탑五層石塔이 세워져 있다. 1기는 앞마당에 세워져 있고, 다른 1기는 대웅전 뒤편 언덕위에 위치하고 있다. 먼저 앞마당에 있는 오층석탑은 상층기단에 사사자四獅子를 배치하여 탑신부를 받치도록 한 사사자 오층석탑으로 근현대시기에 세워진 석탑으로 보인다. 이 석탑은 1981년경 대원사 경내로 이건한 것이라고 한다. 기단부에 사사자를 배치한 것으로 보아 구례 화엄사사 사자삼층석탑, 함안 주리사지 사사자석탑, 제천 사자빈신사지 사사자석탑, 홍천 괘석리 사사자삼층석탑 등을 모방하여 근현대시기에 건립한 것으로 추정된다.

그리고 대원사의 연혁과 관련하여 고식古式 수법手法을 보이고 있는 석탑이 대웅전 뒤편에 배치된 오층석탑이

도 14. 대원사 오층석탑 전경

....
20) 근현대기 대원사의 주요 연혁.
　　1943년 永湖奉珠 스님이 요사를 새로 짓고, 1945년 명부전을 지금의 위치로 옮김→
　　1949년 德雲在默 스님이 대웅전을 중건하고 경내의 석축을 정비→1951년 한국전쟁
　　으로 염불당·요사·행랑 등 건물 3동이 소실→1959년 德雲在默 스님이 요사 중건→
　　1961년 德雲在默 스님이 칠성각 중건→1962년 德雲在默 스님이 산신각 건립→1981
　　년 蓬雲運守 스님이 오층석탑 이건→1990년 장마로 산신각 붕괴, 아래쪽에 산신각
　　과 삼성각을 겸한 법당 건립→1993년 칠성각을 헐고 그 자리에 요사 건립.

도 15. 대원사 오층석탑 해체 보수 전경(사찰에서 제공)

다. 먼저 이 석탑은 가람의 중심공간이 아닌 대웅전 뒤편 언덕위에 인위적으로 조성된 축대 위에 세워져 있어 일반적인 가람 배치 수법을 따르지 않고 있는 석탑이라 할 수 있다. 현재 2단의 사각형 석축을 새롭게 마련하였고, 기단부의 지대석과 하층기단 면석부들이 결실된 상태라서 석탑의 위치가 원래 위치인지는 불분명한 상태이다. 다만 고려시대 이후 석탑 건립과 배치 시 풍수지리風水地理를 고려하여 비보탑裨補塔의 성격으로 석탑을 건립하는 경우도 있었으며,[21] 어떤 이유로 석탑을 해체하거나 보수할 시 특별한 경우를 제외하고 원래의 위치에서 옮기지 않는 것이 일반적이었으며, 대웅전 뒤편으로 조성된 석축이 일부 보수된 부분도 있지만 고식 수법을 보이고 있어 석탑 건립 위치가 의도적으로 조성된 공간임을 시사하고 있다. 이러한 정황으로 보아 오층석탑은 원래 위치일 가능성이 높

21) 梁銀容, 「道詵國師 裨補寺塔說의 研究」, 『道詵研究』, 民族社, 1999.

은 것으로 추정된다. 한편 오층석탑의 현재 위치가 최초 건립 위치가 아니라 하더라도 주변 지형으로 보아 풍수지리와 관련하여 현 위치에 석탑을 세웠거나 옮긴 것은 분명한 사실로 보인다. 즉, 대원사 오층석탑은 현재 위치로 보아 풍수비보탑風水裨補塔의 성격을 갖고 있는 석탑인 것은 분명하다고 할 수 있다.

도 16. 대원사 오층석탑 기단부 측면

도 17. 대원사 오층석탑 기단부 후면

대원사 오층석탑은 크게 기단부 – 탑신부 – 상륜부로 구성되는데(현재 전체 높이 262cm), 현재 상륜부는 결실된 상태이며, 기단부와 탑신부 부재들이 비교적 온전하게 결구되어 있는 상태이다. 기단부는 하대갑석의 상면을 경사지게 다듬었고 하부에 낮은 받침단이 마련된 치석 수법으로 보아 원래는 하층기단이 마련된 전형적인 이층기단으로 조영되었음을 알 수 있다. 현재 지대석을 비롯한 면석부가 결실된 점이 아쉽지만 석탑 양식을 살피는 데에는 무리가 없는 상태이다.

기단부基壇部는 하대갑석, 면석부, 상대갑석으로 결구되어 있다. 하대갑석下臺甲石(146×133cm)은 정면의 너비가 다소 넓은 직사각형 평면을 유지하고 있으며, 동일석으로 치석되었다. 동일석으로 치석된 것으로 보아 규모가 상당한 원석을 채석하여 치석하였을 것으로 보이며, 석탑 건립 시 상

도 18. 대원사 오층석탑 상대갑석

도 19. 순천 동화사 삼층석탑 기단부

당한 관심에 의하여 건립되었음을 간접적으로 시사받을 수 있다. 하대갑석 면부는 정연하게 다듬었고, 상면을 옥개석 낙수면처럼 경사지게 치석한 점이 특징적이다. 물론 상대갑석도 경사지게 치석하였는데, 이처럼 하대와 상대갑석의 상면을 경사지게 치석한 것은 빗물이 효과적으로 흐르도록 하기 위한 기능적인 측면도 있지만 석탑의 외관을 장식적으로 보이게 하는 효과도 있다. 또한 갑석의 상면을 경사지게 치석한 시기는 일반적으로 고려초기 이후에 건립된 석탑 중에서 비교적 소형석탑에서 많이 나타난 치석수법이다. 하대갑석 상부에는 호각형弧角形 2단의 상층기단괴임을 마련했는데, 1단의 호형괴임단을 상단보다 높고 넓게 마련하여 다소 부조화된 측면도 보이고 있지만 상층기단을 안정적으로 받치고자 하는 장인의 의도가 엿보인다. 상층기단 면석부는 파손 및 결실된 부재가 보강되어 있는데, 원래는 판석형 석재 4매를 결구했던 것으로 보인다. 2매는 넓게 마련하고 나머지 2매는 안쪽에 결구되도록 하여 넓게 마련된 면석부 외곽이 약간씩 바깥쪽으로 튀어나오도록 하여 우주가 되도록 했음을 알 수 있다. 면석부 가운데에는 탱주가 세워져 있는데, 낮게 모각되어 형식적인 경향을 보이고 있다. 이러한 측면도 이 석탑의 건립 시기를 다소 하강시키는 측면이라 할 수 있다.

상대갑석上臺甲石(98×97cm)은 평면이 거의 정사각형에 가까운 형태로 마련되었는데, 하대갑석에 비하여 체감비율이 다소 커서 다른 석탑에 비하여 다소 불안정한 인상을 주고 있다. 하대갑석은 하부에 부연을 마련하지 않고 평평하게 다듬었으며, 면부面部는 깔끔하게 치석하였다. 그런데 상면은 하대갑석보다 경사 정도가 더 심하여 거의 옥개석에 가까운 형식으로 치석되었다. 특히 옥개석의 낙수면처럼 현수곡선懸水曲線을 두어 경사지게 치석하였고, 모서리 합각부분은 우동마루처럼 조금씩 돌출되도록 처리하였다. 그리고 상부에 호각형 2단의 탑신괴임을 마련하였다. 이와 같이 상대갑석을 옥개석처럼 치석한 석탑은 순천 동화사 삼층석탑, 춘천 서상리 삼층석탑, 귀신사 삼층석탑 등 일반적으로 고려초기에 건립된 석탑에 많이 적용된 치석 수법이었다. 상대갑석의 너비가 하대갑석에 비하여 체감비율이 다소 큰 점은 불안정한 인상을 주고 있지만 상면에 현수곡선을 주어 장식적으로 치석한 점은 돋보이는 측면이다.

탑신부塔身部는 현재 5층을 이루고 있으며, 탑신석과 옥개석 등이 일부 파손되어 있는 상태지만 탑신석과 옥개석의 치석 수법은 이 석탑의 건립 시기를 알려주는 결정적인 부분이다. 1층과 2층은 별도의 탑신석을 치석 결구하였지만 3층부터는 옥개석과 탑신석을 동일석으로 마련하였다. 즉, 하층의 옥개석과 상층의 탑신석을 동일석으로 치석 결구하였다. 이런 치석과 결구 수법은 고려시대부터 석탑의 규모가 소형화되고, 간략화 된 치석 수법이 적용되면서 나타나기 시작하였다. 1층 탑신석(53.5×53cm, 높이 39.5cm)은 다른 층에 비하여 상당히 높게 마련하여 석탑의 외관을 전체적으로 안정되게 보이도록 하고 있지만 탑신석 좌우에 우주가 세워져 있는데, 모각 정도가 낮아 간략화의 경향이 상당히 진전되었음을 알 수 있게한다. 그리고 1층 옥개석은 좌우너비에 비하여 상하 높이를 낮게 함으로써 평박한 인상을 주고 있는데, 이러한 경향은 모든 층이 마찬가지이다.

도 20. 대원사 오층석탑 1층 탑신부

도 21. 대원사 오층석탑 5층 옥개석과 노반석

옥개석 하부에는 비교적 낮은 단수의 받침단을 마련하고, 처마면은 상부로 올라가면서 외반되도록 했다. 이러한 치석 수법도 고려시대 석탑에 많이 적용된 기법이었다. 낙수면은 경사진 정도가 낮으며, 약하게 굴곡지도록 하여 현수곡선懸水曲線이 적용되기는 했지만 완연한 수법은 보이지 못하고 있다. 그리고 상부에 1단의 상층 탑신 괴임을 마련하였다. 2층 이상의 탑신석은 급격하게 체감시켰지만 전체적인 치석 수법은 1층 탑신석처럼 간략화의 경향이 완연하다. 옥개석 하부에 마련된 옥개받침은 모든 층이 3단으로 동일하게 적용되었다. 또한 옥개석은 상층으로 올라가면서 낙수면을 낮게 처리하여 평박한 인상을 주고 있다.

상륜부相輪部는 현재 결실된 상태지만 5층 옥개석과 동일석으로 사각형 받침부가 마련되어 있는데, 탑신석과 달리 우주의 모각 정도가 높고 상부에 낮은 별도의 갑석형 받침단이 있는 것으로 보아 노반露盤임을 알 수 있어, 이 석탑은 원래부터 5층으로 설계 조영되었음을 알 수 있다.

이와 같이 대원사 오층석탑은 전체적으로 석탑의 규모가 작고, 기단부와 탑신부에서 간략화의 경향이 반영되어 있어 고려시대 치석 수법과 양식이 적용되었음을 알 수 있다. 세부적으로 하대갑석과 상대갑석의 상면을 경사지게 치석한 수법, 상대갑석의 부연을 생략한 점, 각 층 탑신석의 우주를 낮게 형식적으로 모각한 점, 옥개석을 평박하게 처리하면서 옥개받침단을 3단으로 낮게 마련한 점, 2층 옥개석부터 상층은 하층 옥개석과 상층 탑신석을 동일석으로 치석한 점 등에서 고려 전기 석탑의 일반적인 치석 수법과 양식을 보이고 있다. 특히 고려 현종대顯宗代(1009~1031) 지방을 중심으로 성행한 석탑 양식을 보이고 있으며, 하대갑석과 상대갑석을 비롯하여 탑신부에서 다소 공예적인 석탑 인상을 주고 있어 주목된다.

2. 부도浮屠

대원사에는 총 6기의 부도가 대원사 경내를 중심으로 동북편 능선상에 조성되어 있다. 현재 상하로 구분되어 있는데, 하부도군下浮屠群에는 소위 용각부도龍刻浮屠를 비롯하여 총 4기의 부도가 세워져 있으며, 상부도군上浮屠群에는 좌우로 2기의 부도가 나란히 건립되어 있다. 하부도군은 흩어져 있던 부도들을 모아 놓은 것들이고, 상부도군은 원래의 위치임을 알 수 있다. 그런데 하부도군 일부 부도의 경우 다른 부도재들이 혼용되어 있는 것으로 보아 6기 이상의 부도가 대원사에 건립되었음을 알 수 있다. 모두 무명 부도로 주인공을 알 수 있는 부도는 없다.[22]

1) 하부도군下浮屠群

대원사 하부도군은 아래쪽에 위치하고 있는 부도군으로 현재 4기가 좌우로 나란히 세워져 있다. 주변에 있었던 부재들을 모아 놓은 상태로 주

----

22) 한편 진묵 일옥 스님의 부도와 '李氏姓蓮花'라고 刻字된 부도가 있었다고 하는데, 현재는 확인이 불가능하다(김상영 外, 앞의 책, p.270).

도 22. 대원사 하부도군 전경

인공을 알 수 있는 부도는 없는 상태이다. 하부도군은 향좌로부터 첫 번째와 두 번째 부도는 소위 원구형圓球形 양식이며, 세 번째 부도는 원구형 탑신석 표면에 용이 양각된 용각부도龍刻浮屠, 네 번째 부도는 탑신석이 팔각八角 석주형石柱形을 이루고 있는 팔각당형八角堂形 양식의 부도이다.

첫 번째 부도는 탑신석을 상하로 길게 치석한 원구형 탑신석이 결구된 부도이다. 이 부도는 기단부-탑신석-옥개석-상륜부가 잘 남아있는 상태이다. 기단부는 지대석과 대석 2단으로 결구되었는데, 지대석은 평면 사각형 대석이며, 모서리 부분을 조금씩 깎아 모를 죽여 장식적인 기교를 보이고 있다. 탑신석을 받치고 있는 연화대석은 선각線刻으로 연화문을 장식하고 모서리마다 높게 귀꽃을 돌출시켜 장식화의 경향을 보이고 있다. 연화문은 총 16엽을 배치하였는데, 연잎이 긴 형태를 취하고 있으며, 귀꽃은 고사리문 형태가 좌우대칭을 이루도록 했다. 그리고 상부에 갑석형 받침을 마련하여 마치 탁자처럼 치석하였다. 탑신석은 가운데를 약간 볼록하게 처리하고 상하부의 지름이 거의 동일한 원구형으로 마련되었다. 옥개석은 하부에 낮은 2단의 받침단을 넓게 처리하였으며, 처마는 거의

도 23. 대원사 상부도군 전경

수평을 이루도록 했다. 낙수면의 상부는 둥글게 호형弧形으로 처리하고, 그 아래쪽으로 완만한 경사를 이루면서 오목하게 치석하여 유려한 현수곡선懸水曲線을 이루도록 했다. 그리고 합각부合閣部는 높게 돌출시키고 마루 끝에 귀꽃을 장식하였다. 그런데 옥개석에서 주목되는 것은 귀꽃과 귀꽃이 배치된 사이의 낙수면 끝에 약하게 삼각형으로 돌출시킨 별도의 처마부가 표현되었다는 점이다. 옥개석의 이러한 수법은 신라와 고려시대 일부 석조부도에서만 보이는 기법인데, 조선후기 건립된 다른 지역의 석조부도에서는 보기 드문 수법으로 주목된다. 상륜부는 사각형 받침단을 높게 마련하고 그 위에 사각형의 탁자형 보주받침대가 있고, 상단부에 원형의 보주가 첨형으로 올려져 마무리되었다. 이러한 상륜부는 조선후기 호남지역의 석조부도에서 일반적으로 채용된 기법이었다.

두 번째 부도는 기단부와 탑신석만 남아있고, 옥개석과 상륜부는 결실된 상태이다. 현재는 탑신석 위에 다른 석조부도의 것으로 추정되는 부재가 올려져 있는 상태이다. 기단부는 하대석과 상대석을 비교적 높게 마련했는데, 하대석은 사각형 지대석 위에 연화대석이 올려진 상태이다. 지대석의 면석부에는 상하부에 받침단을 마련하고 그 사이에 소형의 안상眼象이 새겨져 있는데, 각각 4구와 3구가 표현되어 있다. 그리고 지대석 위에는 복판 8엽의 연화문이 장식된 대석이 마련되었는데, 연화문은 돋을새김이 강한 편이다. 또한 하대석 상부에는 사각형의 2단 괴임이 마련되어 있다. 하대석 상부의 사각형 괴임대로 보아 그 상부에는 사각형 부재가 결구되어야 하는데, 현재는 팔각의 연화대석이 올려져 있다. 따라서 다른 석조부도의 부재가 올려져 있음을 알 수 있으며, 여러 기의 부도재가 혼재되어 있음을 알 수 있다. 어쨌든 현재 상대석은 연화대석으로 총 8엽의 연화문이 배치되어 있는데, 연화문은 여러 겹으로 표현되어 장식적인 기교가 엿보인다. 상대석 상부에는 원형의 탑신석이 올려져 있는데, 가운데가 약간 볼록하고 상하높이가 낮아 납작한 형태로 치석되었다. 주인공을

도 26. 龍刻浮屠　　　　　　　　도 27. 八角堂形 無名浮屠

알 수 있는 명문은 새겨지지 않았다. 현재 탑신석 위에 옥개석처럼 올려져 있는 석재는 단판 8엽의 연화문이 표현된 연화대석으로 원래는 부도나 석등의 하대석이나 상대석에 활용되었던 부재의 치석 수법을 보이고 있다. 이 부재도 다른 석조부도의 부재였던 것으로 보인다. 이와 같이 두 번째 부도는 정확하게는 알 수는 없지만 2기 이상의 석조부도재가 혼용된 상태이며, 치석 수법과 양식 등으로 보아 조선후기 건립된 석조부도로 추정된다.

세 번째 부도는 상하로 길게 치석된 원구형 탑신석 표면에 볼륨감 있는 용을 조각하여 소위 용각부도龍刻浮屠로 불리고 있다. 현재 대석臺石의 전체적인 평면은 사각형인데, 상면에는 팔각형 괴임대가 마련되어 있다. 이러한 것으로 보아 상부에 결구된 용각부재와 어울리지 않고 있어 다른 석조부도의 대석일 가능성이 높다. 탑신석塔身石은 가운데를 약간 볼록한 형태로 치석했으며, 표면에 용을 조각하여 장식적인 기교가 돋보이는 표현 수법을 보이고 있어 주목된다. 탑신석 하부에는 연입형 연화문을 18엽 배치하였으며, 연화문 사이마다 간엽을 장식하였다. 상부에도 아래로 펼쳐진 연화문을 배치하였다. 그리고 상하부에 표현된 연화문 사이 공간에 용을 양각으로 조각하였는데, 2마리의 용이 반룡蟠龍하는 형상으로 표현되었으며, 다리를 길게 펼쳐 보주寶珠를 받치고 있다. 용 사이마다 운룡雲紋이 표현되었으며, 용신에는 비늘문이 가득 표현되었고, 꼬리와 다리의 표현이 역동적이어서 사실적인 조각기법을 보이고 있다. 옥개석屋蓋石은 하부에 별도의 원형 받침단을 높게 처리하여 결구하였다. 그리고 낙수면은 경사가 급하고, 각 면마다 2~3개의 기왓등이 표현되었으며, 마루부를 높게 처리하여 목조건축의 지붕부가 번안되었음을 알 수 있다. 그런데 옥개석은 전체적으로 간략화의 경향을 강하게 보이고 있다. 이러한 측면도 대원사 용각부도의 건립시기가 하강하고 있음을 간접적으로 시사하고 있다.

대원사 용각부도에서 가장 주목되는 부분은 탑신석 표면에 가득 용을

도 28. 檜巖寺 無學大師 洪融塔　　도 29. 淸心堂 浮屠(통도사 성보박물관)
도 30. 永同 深源里 浮屠　　　　　도 31. 固城 玉泉寺 月波堂 浮屠

조각하였다는 점이다. 이처럼 석조부도의 표면에 용이 표현된 것은 신라와 고려시대 석조부도를 비롯하여 조선시대 석조부도에서도 확인되고 있다. 신라와 고려시대에는 용이 부도에 일반적으로 표현되기는 했지만 특정 부위에 작은 형상으로 하여 제한적으로 용을 조각하는 것이 일반적이었다. 이러한 것은 부도의 주인공인 고승들이 왕에 버금가는 존재로 인식되었기 때문으로 보인다. 그런데 조선시대에는 용이 석비를 제외하면 왕실과 관련된 조형물에만 일반적으로 표현된다. 이는 용에 대한 상징성이 체계화되고, 왕과 승려를 구분하여 인식한 것에서 기인한 것으로 보인다. 현재 조선시대 부도 중에서 표면에 용이 표현된 예는 회암사檜巖寺 무학대사無學大師 홍융탑洪融塔을 비롯하여 청심당淸心堂 부도浮屠23) 등이 유존되고 있다. 이들 부도에는 특정 부재의 전면에 걸쳐 용이 표현되고 있어 전대와 차이를 보이고 있다. 조선시대에는 부도 표면을 용으로 표현하는 것 외에도 영동 심원리深源里 부도나 고성 옥천사玉泉寺 월파당月波堂 부도처럼 표면 전체를 연꽃으로 표현하여 부도 자체가 연꽃을 형상화한 경우도 있다. 이는 입적한 승려의 연화화생과 극락왕생을 염원하고자 하는 의도로 보인다. 어쨌든 부도에서 용은 오래전부터 그 상징성으로 인하여 왕실과의 밀접한 관련성을 시사하는데, 현재 대원사 용각부도처럼 탑신석에 용이 표현된 석조부도로는 조선초기 건립된 회암사 무학대사 홍융탑과 청심당 부도 등이 있다. 그런데 대원사 용각부도는 용의 표현은 역동적이고 사실직이지만 상하부에 표현된 연화문은 조선후기의 표현 기법을 보이고 있으며, 탑신석의 전체적인 형태도 가운데가 약간 볼록하면서 상하부의 지름이 거의 동일한 조선후기의 치석 수법을 보이고 있다. 이러한 것으로 보아 대원사 용각부도는 청심당 부도와 비슷한 시기인 조선후기

. . . .

23) 현재 통도사 성보박물관 야외 전시장에 세워져 있으며, 조선후기 건립된 석종형 양식의 부도이다.

건립된 것으로 추정된다.

네 번째 부도는 결실과 파손이 심한 부도이다. 현재 자연석에 가까운 부재를 대석으로 마련한 후 그 위에 8각 석주형의 탑신석을 결구하였다. 탑신석은 비교적 정연한 치석 수법을 보이고 있으며, 옥개석의 처마부는 수평으로 하였으며, 낙수면은 급경사를 이루도록 치석하였다. 팔각 석주형 탑신은 조선후기 호남일대의 석조부도에서 일반적으로 채용된 수법이었다. 네 번째 부도도 파손과 결실이 심한 상태지만 현존하는 부재들의 치석 수법과 양식으로 보아 조선후기 건립된 것으로 보인다.

2) 상부도군上浮屠群

대원사 상부도군은 하부도군에서 대원사 경내를 중심으로 북쪽으로 약 30m 정도 이격된 거리의 능선 상에 위치하고 있다. 현재 경사진 능선을 깎아 좁은 평지를 조성한 다음 좌우로 나란히 2기의 석조부도를 건립하였다. 대원사 경내를 중심한 전체 사역의 위치로 보아서는 하부도군에 비하여 먼저 건립된 부도들로 볼 수 있다. 모두 원구형 탑신이 마련된 부도로 주인공은 알 수 없는 상태이고, 부도의 위치로 보아 남향을 고려하여 배치되었음을 알 수 있다.

첫 번째 부도는 향좌측에 서있는 부도로 상륜부는 결실되었지만 기단부와 탑신부는 보존 상태가 양호한 편이다. 기단부는 하대석 - 중대석 - 상대석이 마련된 전형적인 결구 수법을 보이고 있다. 하대석은 평면 사각형으로 면석부에 안상眼象을 2구씩 표현했으며, 상면에 복판 16엽의 연화문을 장식하였다. 그리고 하대석 상부에 낮은 팔각괴임대를 마련하여 중대석을 받치도록 했다. 중대석은 팔각형으로 낮게 마련되었다. 상대석은 긴 연입형 연화문을 앙련형仰蓮形으로 표현했으며, 복판의 연화문을 이중으로 배치하였는데, 모서리마다 각을 주어 팔각의 평면이 유지되도록 했

도 32. 圓球形 無名浮屠 1　　　　도 33. 圓球形 無名浮屠 2

도 34. 圓球形 無名浮屠 1(기단부)　　도 35. 圓球形 無名浮屠 2(옥개석)

다. 기단부는 중대석이 낮고 상대석이 다소 높아 전체적으로 불안정한 인상을 주고 있다. 탑신석은 상하부의 너비가 거의 동일한 형태로 치석되었으며, 모서리에 약하게 각角을 주어 팔각의 평면이 유지되도록 치석했다. 옥개석의 처마는 수평을 이루고 있으며, 안쪽에서 바깥쪽으로 음각 홈을 마련하였다. 처마면은 두툼하게 표현했으며, 낙수면은 급경사를 이루도록 했다. 옥개석의 낙수면 합각부에는 마루부를 높게 돌출시켜 둔중한 인상을 주고 있다. 이와 같이 첫 번째 부도는 기단부의 조영 기법이 불안정한 인상을 주고 있으며, 연화문이 조선후기 표현 기법을 보이고 있다. 또한 간략화된 탑신석과 둔중한 옥개석의 치석 수법과 양식 등이 전형적인 조선후기 석조부도 양식을 보이고 있다.

두 번째 부도는 향우측에 서있는 부도로 역시 주인공을 알 수 있는 명문銘文은 새겨지지 않았다. 현재 대석은 매몰된 상태여서 구체적인 치석 수법은 알 수 없는 상태이다. 다만 상면에 1단의 원형괴임대를 두어 상부에 결구된 원구형圓球形 탑신석을 받치도록 했다. 탑신석은 가운데가 약간 볼록하고 상부의 지름이 하부 지름에 비하여 약간 좁은 형태로 치석되었다. 사소하지만 다소 안정적인 인상을 주기 위한 장인의 배려로 보인다. 옥개석은 평면 사각형으로 처마부는 합각부 모서리에서 약하게 치켜 올렸으며, 처마면은 두툼하게 마련했다. 낙수면은 완만한 경사를 이루고 있는데, 기왓골과 기왓등을 표현하여 목조건축의 지붕부가 번안되었음을 알 수 있도록 했다. 또한 합각부의 마루부를 높게 돌출시켜 둔중한 인상을 주고 있지만 상대적으로 상하높이를 낮추고 처마부를 치켜 올려 다소 경쾌한 인상도 혼재되어 있다. 상륜부는 옥개석과 별석으로 하여 결구하였다. 상륜부는 먼저 평면 사각형의 탁자식 받침대를 높게 마련한 후 그 위에 원형으로 연주문이 장식된 보주받침대를 놓고 반원형의 보주석을 올려 마무리하였다. 두 번째 부도도 전형적인 조선후기 석조부도 치석 수법과 양식을 보이고 있다.

도 36. 금산사 오층석탑   도 37. 김제 청도리 삼층석탑

Ⅳ. 대원사 석조미술의 미술사적美術史的 의의意義

이와 같이 대원사에는 오층석탑 1기와 6기 이상의 석조부도가 건립되어 있었던 것으로 보인다. 오층석탑은 치석 수법과 양식으로 보아 고려전기 건립된 것으로 추정된다. 그리고 석조부도는 모두 조선후기에 건립되었는데, 상하 두 곳에 부도군이 조성되어 있으며 하부도군은 어느 시기에 부재가 파손되고 결실되자 부재들을 모아 현재의 같은 모습으로 조성되었음을 알 수 있다.

이중에서 오층석탑은 대원사의 연혁과 관련하여 가장 오래된 석조미술품이라 할 수 있다. 대원사의 연혁을 구체적으로 알 수 있는 자료가 많지

도 38. 귀신사 삼층석탑　　　　　도 39. 금산사 심원암 삼층석탑

않은 실정에서 오층석탑은 치석 수법과 양식으로 보아 고려전기 건립된 것으로 확실시되기 때문에 적어도 대원사가 고려시대에는 창건되었음을 알려주는 직접적인 자료라는 점에서 역사적 의의가 있다고 할 수 있다. 그리고 대원사 오층석탑은 기단부와 탑신부가 전형적인 고려시대 양식을 보이고 있지만 전체적인 결구 수법은 고층의 신라식 석탑을 계승하고 있다. 고려시대 들어서면서 개경을 중심한 경기도 일대에 많은 석탑이 건립되는데, 당시 건립된 석탑들은 신라식 석탑을 계승한 석탑과 고려화 된 양식을 가진 석탑으로 크게 양분되는 경향을 보인다. 당시 수도에서 상당히 떨어진 대원사에 건립된 오층석탑은 부분적으로 고려시대의 치석과 결구 수법이 적용되고 있지만 2층의 기단부가 마련되고, 간략화의 경향을 보이기는 하지만 탑신석과 옥개석이 충실하게 신라식 석탑을 따르고 있다. 특히 대원사 오층석탑은 비교적 고층이지만 모악산 일대에 있는 석탑

들 중에서 김제 청도리 삼층석탑과 함께 신라 석탑 양식을 보이고 있는 석탑이라 할 수 있다. 현재 모악산 일대에 있는 석탑 중에서 금산사 오층석탑이나 귀신사 삼층석탑은 백제계 석탑으로 분류되고 있으며, 치석과 결구 수법 등도 신라식 석탑과는 다소 이질적인 측면을 보이고 있다. 그리고 금산사 심원암 삼층석탑도 부분적으로 신라 석탑 양식을 보이고는 있지만 전체적으로는 고려화된 석탑이라 할 수 있다.

이러한 것으로 보아 고려시대 들어와 모악산 일대를 중심한 지역은 옛 백제지역으로 백제 석탑 양식을 계승한 석탑들이 건립되었음에도 불구하고 대원사에는 신라 양식 석탑을 계승한 석탑이 건립되었음을 알 수 있다. 이것은 당시 대원사 오층석탑을 설계하였거나 건립한 장인이 신라 석탑에 대한 이해가 있었음을 간접적으로 알려준다.

그리고 고려시대에는 석탑의 규모가 작아지면서 기단부의 갑석부를 옥개석형으로 치석하고, 탑신석의 높이를 상대적으로 낮추고, 옥개석을 평박하게 치석하여 소위 청동탑이나 금동탑처럼 석탑을 건립하기도 한다. 이러한 양식을 보이는 석탑을 소위 공예적인 요소가 많이 적용된 석탑이라 하여 공예석탑工藝石塔이라고도 하는데, 대원사 오층석탑도 완연하지는 않지만 부분적으로 공예적인 석탑 요소를 보이고 있다. 특히 하대갑석과 상대갑석 상면의 경사진 치석 수법, 탑신석을 낮게 마련하고 옥개석을 평박하게 치석 한 점 등 탑신부가 공예적인 요소를 많이 보이고 있어 주목된다.

한편 대원사 오층석탑은 가람상에서의 배치와 관련하여 풍수비보탑風水裨補塔의 성격을 가지고 있다는 측면이 주목된다. 신라말기 풍수지리설이 유입되어 일상생활에 적용되기 시작하면서 풍수적 이론에 입각하여 입지를 선정하고, 그 입지에 결함이 있을 때에는 인위적인 시설물로 지형지세를 보완하는 비보적裨補的인 사고가 있었다. 비보裨補[24]는 그 성격에 따라 크게 불교적인 비보와 풍수적風水的인 비보로 구분되는데, 이중에서 불교적인 비보는 통일신라시대에 나타나기 시작하여 고려시대에 들어와 크게 성행하였다. 고려시대인 1197년(신종 원년)에는 국정 비보 기관으로 산천비보도감山川神補都監이 설치되기까지 한[25] 것으로 보아 당시 비보사상이 성행하였음을 알 수 있다. 그러다가 조선시대 억불숭유 기조와 불교계의 위축에 따라 불교적인 비보는 서서히 사라지고 풍수적인 비보로 대체내지는 흡수되었다. 고려시대 비보사탑神補寺塔은 풍수에 근거하여 사탑寺塔을 건립함으로써 산천이나 사찰 등을 비보코자 하는 목적으로 세워졌다고 할 수 있다. 즉, 풍수도참설에 그 근거를 두고 산천山川의 순역順逆을 살펴서 지덕地德의 쇠처衰處나 역처逆處에 사원寺院, 탑塔, 불상佛像 등을 세워 비보케 하는 것이다.[26] 사찰 가람이 풍수비보사상과 연관되어 창건되면서 비보사찰·비보사탑·비보탑 등이 나타나기 시작했다. 불교적인 비보의 대표적인 조형물로는 탑·당간幢竿·불상 등이 활용되었다.[27] 이중에서 사탑에는 크게 비보사탑神補寺塔, 진호사탑鎮護寺塔,[28] 풍수사탑風水寺塔[29] 등이 있다. 현재 대원사 오층석탑은 석탑의 건립 위치와 관련된 구체적인 기록이나 전하고 있는 내용은 없지만 가람상에서의 배치로 보아 풍수에 의한 비보적인 성격을 가지고 있는 석탑으로 추정된다.[30]

· · · · · · · · · · · · · · · · · · · ·

24) 神補는 地理神補와 동의어로 자연의 지리적 여건에 인위적, 인문적 사상을 보태어 보완하고 주거환경을 조정, 개선함으로써 이상향을 지표 공간에 구성함을 목적으로 한다. 쉽게 말해 神補는 천연적인 지리적 조건을 풍수적 시각을 바탕으로 인간생활에 도움을 줄 수 있는 지리적 환경으로 변화시키는 인간의 인위적인 행위를 지칭한다.

25) 『高麗史節要』, 卷 14, 神宗 元年, 春正月條.

26) 黃仁奎, 「高麗 神補寺社의 設定과 寺莊運營」, 『東國歷史教育』 6, 동국역사교육회, 1998, p.49.

27) 최원석, 「神補의 概念과 原理」, 『민족문화연구』 34, 고려대학교 부설 민족문화연구소, 2001, p.127.

28) 국토의 지리적인 神補 혹은 鎮護를 목적으로 건립된 사탑이다. 그래서 진호사탑은 왕도의 중심지나 방어를 위한 전략적 요충지 등에 위치한다.

29) 풍수적인 神補 혹은 鎮壓을 목적으로 건립된 사탑으로 지역이나 지점의 지형이나 위치 등 입지에 따라 위치한다.

그리고 대원사 북편에 남아있는 석조부도들은 모두 조선후기 건립된 것으로 추정된다. 석조부도의 경우 고려시대 이전에는 왕사王師나 국사國師를 역임하였거나 그러한 지위에 상응하는 예우를 받았던 고승들에 한하여 국왕의 윤허와 지원으로 건립되는 양상을 보이고 있다.31) 그런데 대원사와 함께 모악산에 자리 잡고 있는 금산사는 기록과 현존하는 혜덕왕사 진응탑비와 같은 현존하는 유물이 있어 고려시대에 부도가 건립되었음을 알 수 있지만 대원사는 입전되는 기록이 없고 현존하는 석조미술품도 고려시대 조성으로 보기에는 무리가 따른다. 따라서 통일신라시대나 고려시대에 대원사에는 유력한 고승이 하산하여 주석했거나 입적한 사찰은 아니었음을 알 수 있다. 대원사는 창건 이후 고려시대까지 꾸준하게 법등이 지속되었지만 국가적으로 유력사찰이나 거점 사찰은 아니었음을 간접적으로 알 수 있다.

　한편 조선시대는 석조부도의 건립 양상이 전기와 후기가 다른 양상을 보인다. 전기는 불교계의 위축과 승려에 대한 예우가 낮아 특별한 경우를 제외하고 석조부도의 건립은 거의 이루어지지 않았다. 그런데 조선후기는 승려에 대한 예우가 높아지고 불사가 크게 늘면서 석조부도의 건립이 성행한다. 또한 살아생전 역임한 법계에 따른 일정한 자격요건이나 국왕의 윤허가 아니라 입적 이후 묘탑적墓塔的 성격으로 건립되는 기념적인 조형물로 변화되면서 부도의 건립이 크게 성행한다. 이에 따라 전국 사찰을 중심으로 많은 양의 부도 건립이 이루어진다. 부도들은 지역이나 사찰, 장인에 따라 다양한 양식으로 건립된다. 이러한 부도를 탑신석의 양식에 따라 크게 전각형殿閣形, 원구형圓球形, 석종형石鐘形, 석주형石柱形, 석

....

30) 현재 풍수적 비보사탑의 예로 알려진 석탑은 계룡산 남매탑, 법주사 쌍탑, 영국사 망탑봉 석탑, 당진 영탑사 칠층석탑, 구리 아차산 석탑, 옥천 용암사 쌍삼층석탑 등이 있다.

31) 엄기표, 『신라와 고려시대 석조부도』, 학연문화사, 2003.

탑형石塔形, 마애형磨崖形 등으로 분류된다. 현재 대원사에 남아있는 부도
는 원구형과 석주형 양식을 취하고 있으며, 조선후기 가장 일반적으로 건
립된 석종형 양식은 현재 없는 상태이다. 조선후기 다른 사찰에 비하여
공력을 많이 들여 비교적 정성들인 부도들이 대원사에 건립되었음을 알
수 있다. 어쨌든 대원사 석조부도들은 조선후기 일반적인 양식을 따르고
있음을 알 수 있다.

그리고 이중에서 주목되는 부도로 용각부도龍刻浮屠를 들 수 있다. 그
주인공을 알 수 없어 구체적인 내용을 파악하기는 어렵지만 조선시대 용
龍의 상징성이나 의의 등을 고려할 때 이 부도의 주인공은 살아생전 행적
이 대원사와 밀접한 관련을 가지고 있었으며, 그 위치가 상당했던 고승으
로 추정된다. 나아가 왕실과 직접적으로 관련된 인물이었을 가능성도 있
다. 이 문제는 향후 관련 자료가 밝혀지면 사실 관계가 확인될 것으로 사
료된다. 어쨌든 석조부도가 건립된 주인공들은 대원사와 밀접한 관련이
있었던 승려들이었을 것이다. 왜냐하면 부도는 그 주인공이 살아생전 중
창이나 중수와 같은 불사를 주도했거나, 밀접한 관련을 가졌거나, 오랫동
안 주석하다가 입적한 사찰이었거나, 유력한 제자가 머물렀거나 하는 사
찰에 세워지는 것이 일반적이었기 때문이다.[32]

대원사에 현존하는 석조미술은 대원사의 역사가 유구함을 직접적으로
증명해주는 조형물이자 1차 사료로서의 기능을 하고 있다. 대원사 오층석
탑은 고려전기 건립된 석탑으로 신라식 석탑 양식을 부분적으로 계승하
면서 고려적인 석탑 요소를 함유하고, 제한적으로 공예적인 요소가 반영
된 석탑이라 할 수 있다. 그리고 부도들은 조선후기 일반적인 양식을 따
르고 있으며, 호남지역에서 성행한 양식이 적용되었다는 측면에서 미술

· · · · · · · · · · · · · · · · · · · ·

32) 엄기표, 「朝鮮時代 分舍利에 의한 石造浮屠의 建立」, 『전통문화논총』 3, 한국전통
　　문화학교, 2005.

사적인 의의가 있다. 또한 대원사는 조선후기에도 많은 승려들이 머물면서 중창과 중수가 지속적으로 이어지면서 법등이 지속되었음을 증명해 주는 유물들이라는 점에서 역사적 의의가 높다고 할 수 있다.

V. 맺음말

이상에서 대원사와 관련된 각종 기록과 대원사에 전해지는 유적 유물 등을 통하여 대원사의 연혁을 정리해 보았다. 그리고 대원사의 석조미술 현황과 건립 시기를 고찰하고, 대원사의 연혁과 관련하여 이들 석조미술이 갖는 역사적 미술사적 의의에 대하여 살펴보았다. 대원사는 모악산 일대에 소재하고 있는 금산사, 귀신사 등과 함께 고려시대부터 현재까지 꾸준하게 법등이 지속되면서 유력 사찰로서 유지되고 있다.

대원사 오층석탑은 고려전기 건립되었으며, 가람상에서의 배치로 보아 풍수비보적인 성격을 가지고 있는 석탑일 가능성이 높다. 또한 기단부와 탑신부 등의 치석 수법과 양식이 고층의 신라 석탑 양식을 계승하고 있으며, 부분적으로 고려적인 석탑 요소를 함유하고 있다고 할 수 있다. 그리고 석조부도는 조선후기 일반적인 양식이 적용되어 설계 시공되었음을 알 수 있다. 그런데 다른 지역이나 사찰에서는 보기 드문 용각부도龍刻浮屠가 건립되어 대원사가 왕실과 관련되었을 가능성도 상정된다. 이 문제는 향후 관련 자료가 발굴된다면 구체화될 수 있을 것으로 보인다. 어쨌든 대원사는 조선후기 건립된 수기의 석조부도들이 남아있는 것으로 보아 조선후기에도 유력한 승려들이 머물면서 예불과 신앙 활동의 공간으로 법등이 지속되었음을 알 수 있다. 또한 모악산 일대를 중심한 전주, 완주 지역에 있는 금산사, 완주 송광사 등을 제외하고는 다른 사찰에 비하

여 상대적으로 많은 양의 석조부도가 전하는 것으로 보아 이 지역의 유력
사찰로서 중요하게 인식되었음을 알 수 있다.

참고문헌

사료

『伽藍考』
『高麗史節要』
『東文選』
『梵宇攷』
『三國遺事』
『世宗實錄』
『新增東國輿地勝覽』
『輿地圖書』
『全羅北道各郡邑誌』
『湖南邑誌』

논문·저서

김상영 외,『한국의 전통사찰 ⑧ - 전북의 전통사찰 I』, 사찰문화연구원, 1997.

梁銀容,「道詵國師 神補寺塔說의 硏究」,『道詵硏究』, 民族社, 1999.

엄기표,「朝鮮時代 分舍利에 의한 石造浮屠의 建立」,『전통문화논총』3, 한국전통문화학교, 2005.

_____,『신라와 고려시대 석조부도』, 학연문화사, 2003.

『完州地方文化財地表調査報告書』, 국립전주박물관, 1988.

『완주 경복사지 지표조사 보고서』, 전북대학교 박물관, 2000.

崔卿賢,「완주 大院寺 소장 震默大師 眞影에 대한 小考」,『文化史學』35, 한국문화사학회, 2011.

최선일,「완주 대원사 대웅전 목조불상의 제작시기와 조각승 推論」,『文化史學』35, 한국문화사학회, 2011.

최원석,「神補의 槪念과 原理」,『민족문화연구』34, 고려대학교 부설 민족문화연구소, 2001.

黃仁奎,「高麗 神補寺社의 設定과 寺莊運營」,『東國歷史敎育』6, 동국역사교육회, 1998.

모악산 대원사
대웅전 실측조사기

한동수 한양대학교 교수

❖ 이 논문은 『성보』 6호(2004. 12)에 게재했던 것이다.

I. 실측조사의 개요

본 실측조사는 하루 동안에 걸쳐 진행된 간단한 작업이었으므로 전체적인 가람의 배치나 개별 건축물의 상세한 실측은 시간적으로 불가능했다.[1] 따라서 조계종 총무원 문화부에서 의뢰한 주된 대상 건물인 대웅전에 국한되어 실시되었다. 실측조사 시 주안점을 둔 부분은 대웅전의 공포에 대한 탁본[건탁]과 실측, 결구상태 확인, 대웅전의 규모를 파악하기 위한 평면실측이었으며, 입면도와 단면도는 시간상의 제약으로 모두 생략하고 사진촬영으로 대치하였다.

공포부분은 사면에 놓여진 주심포와 귀포의 형식 및 규모가 동일하므로 모두 다 실측하지 않고 어칸 오른쪽 기둥 위에 있는 공포와 오른쪽 협칸의 귀공포를 선택하여 건탁을 뜨고 실측을 진행하였다. 평면부분에서는 기둥배치의 간격과 창호의 위치를 정밀하게 실측하였으며 대웅전 주변의 기단과 계단을 포함시켜 도면상에 표기하였다. 다만 단면도는 앞서 언급한 바대로 시간상의 문제도 있었지만 대웅전 내부 천정에 불교행사를 위한 연등이 빽빽하게 달려 있어 실측이 곤란한 상태였다. 그리고 입면부분은 실측작업이 이루어지지는 않았으나 보수의 흔적, 부재 훼손의 정도 등 눈으로 관찰되는 특징들을 조사하였고, 이와 더불어 디지털 카메라를 이용하여 다양한 각도의 내외부 사진을 찍어 향후 보수와 수리를 위한 실증적 자료를 기록으로 남겼다. 그밖에 주지스님과의 인터뷰를 통하여 그동안 대웅전의 관리 현황, 발굴조사의 결과, 향후 계획 등에 관한 의

---

1) 실측 조사는 2004년 3월 30일에 진행되었다.

도 1. 레이저 측량기를 이용한 실측 장면

도 2. 정면 우측의 귀공포 건탁 장면

건을 녹취하였다.

　실측조사는 일정에도 나와 있듯이 2인 1조의 2개조를 편성하여 1개 조는 공포부분의 건탁과 실측을 맡아 진행했으며 다른 1개 조는 평면실측을 담당했다. 사용된 도구로는 디지털 카메라(캐논 및 소니), 줄자, 디스트로(레이저측량기), 나침판, 사다리, 목탄, 습자지, 화판, 모눈종이, 빨강색과 검정색 플러스펜 등이 있다.

Ⅱ. 대원사의 연혁

　대원사는 완주군 구이면 원기리 997번지 모악산 동쪽 중턱에 위치한 사찰이다.『삼국유사』3권3「보장봉로보덕이암조寶藏奉老普德移庵條」에 의하면 삼국통일 직전인 백제 의자왕 20년(660)에 열반종의 개산조 보덕의 제자인 대원, 심정 등의 고승이 이 사찰을 창건한 것으로 알려져 있다. 그 후 고려 인종 8년(1130) 원명 국사와 징엄 스님의 중창을 거쳐 공민왕 23년(1374) 나옹 혜근 스님이 중창하였다. 조선시대에 들어서는 태종 15년(1415) 중창된 것으로 추측된다.[2] 그러나 정유재란 때 대부분의 건물이 소실되었고 선조 39년(1606) 진묵 일연 스님이 다시 대규모로 중창하였다. 또한 영조 9년(1733) 동명 천조 스님에 의한 중창이 있었으며 고종 23년(1886)에는 건봉사에 주석하고 있던 금곡 인오 스님과 함수한 거사가 대웅전을 중건하고 명부전을 고쳐지었으며, 칠성각을 새로 짓고 산내의 암자인 내원암에 있던 염불당을 이곳으로 옮겨왔다.

. . . .

2) 이는 1948년 대웅전의 복원 시 지붕의 기와에서 영락 을미년(永樂乙未年 : 영락 13년, 1415년)이라는 명문이 새겨진 막새기와의 발견으로 추정되는 연대이다.

도 3. 대원사로 진입하는 계단

　현재 대원사 경내에는 대웅전을 비롯하여 2003년에 신축한 명부전, 1990년경에 신축한 삼성·산신각과 심검당, 글방, 요사 등의 건물이 남아 있고 요사채 건물 1동이 신축 중에 있다.3) 그밖에 중요한 유적으로는 대 웅전을 중심으로 전면과 후면에 각각 1기씩 세워져 있는 오층석탑과 6기 의 부도를 들 수 있다. 오층석탑의 경우 대웅전 후면의 것은 전체 높이가 2.38m로 상륜부는 소실되었으며 고려 후기의 작품으로 추정된다. 그리고 전면의 오층석탑은 전체 높이가 4.20m로 네 마리의 사자가 탑신을 받치 고 있고 상륜부에 노반, 앙련, 수련이 갖추어져있으며 조선 후기의 작품 으로 1981년 경 다른 지역에서 옮겨온 것이라고 하나 확인할 수 있는 문 헌 기록은 없다.

3) 실측조사를 한 2004년 3월 30일 당시의 상황이다.

도 4. 대원사 입구에서 바라 본 경내
도 5. 삼성·산신각에서 본 대원사 전경
도 6. 대웅전에서 본 대원사 앞마당

Ⅲ. 대원사 대웅전의 건축개요

대원사는 모악산 동쪽 중턱의 완만한 경사지를 깎아 내어 조성된 산지형 사찰이다. 이 사찰의 중심전각인 대웅전은 사역의 중앙부에서 뒤쪽으로 물러나 산기슭 가까이 위치하고 있으며 고종 23년(1886) 건봉사에 주석하고 있던 금곡 인오 스님과 함수한 거사가 중건한 조선 후기의 소규모 불전이다.

두 단의 석축을 쌓아 만든 대지 위에 동남향으로 배치된 대웅전의 규모는 정면 3칸, 측면 3칸이고 장방형 평면에 내부 가구는 1고주 5량가의 연등천장 구조로 되어 있다. 거칠게 다듬은 방형의 초석 위에 놓여진 기둥은 원주圓柱로서 배흘림을 주지 않은 직립주에 가깝고 공포는 기둥 위에만 설치하였으며, 이익공의 변형된 모습을 보여준다. 기둥의 상부를 비롯

도 7. 대원사 대웅전 전면의 오층석탑(우)과 후면의 오층석탑(좌)

도 8. 대웅전의 전경
도 9. 대웅전 내부

한 창방과 공포, 보, 도리, 내부의 가구부재에는 모두 단청이 칠해져 화려한 느낌을 주고 있으며 내부의 불단에는 석가모니불을 중심으로 좌우에 약사불과 아미타불이 있는 삼세불이 모셔져 있으나 닫집은 설치되어 있지 않다. 건물 외벽의 좌우측면 및 후면의 창방과 중인방 사이 벽면에는 신장상들이 그려져 있다. 정면의 각 칸에는 두 짝의 교살분합문이 설치되어 있으며 우측면에는 출입을 위한 한 짝의 교살문이 있다. 지붕은 팔작지붕 형태로서 청기와를 올렸으며 네 귀퉁이의 추녀 끝에는 모두 풍경을 달았다.

1. 기단부

대웅전 건물은 두 단의 석축을 쌓아 조성한 대지 위에 세워져 있다. 첫 번째 단은 자연석 기단 쌓기의 방식으로 축조되었으며 두 번째 단은 거친 돌 장대석 쌓기의 방식으로 4벌을 쌓아 전체적인 건물터를 구축하고 있다. 두 단의 석축 정중앙에는 대웅전으로 오르는 10개의 디딤판으로 구성된 계단이 설치되어 있고 소맷돌이나 난간석이 없이 단출하게 만들어졌다. 그리고 이 두 단의 석축 위에는 어칸을 중심으로 석등이 좌우측에 하나씩 대칭구도로 세워져 있다.

그러나 대웅전 건물의 진정한 기단은 이 두 단의 석축 위에 다시 만들어져 있는데 거친 돌 장대석 쌓기 방식으로 2벌을 쌓았다. 중앙부 어칸 앞에는 기단에 붙여서 한 단의 디딤돌이 설치되어 있으며 동측 면에도 출입문 앞에 한 단의 디딤돌을 설치하여 출입에 편리하도록 하였다.

도 10. 두 단으로 된 석축(상)과 기단부분(하)

2. 평면

대웅전의 평면은 정면과 측면이 각각 3칸이고 정면의 길이는 7.89m, 측면의 길이는 5.5m로서 정면의 길이가 2m 정도 긴 장방형의 형태이다. 각 칸의 크기는 정면의 어칸이 2.99m이고 차칸은 2.44m와 2.46m로서 약간의 차이가 있다. 측면의 경우는 중심칸이 2.08m이고 양옆은 각각 1.70m, 1.172m로서 칸의 구획은 균등하지 않다. 이러한 모습은 어칸이 가장 넓고 양쪽 끝으로 그 크기가 줄어드는 일반적인 평면의 칸 구성에서 크게 벗어나지 않는다.

내부 평면에서는 불단을 중심으로 좌우측에 2개의 고주를 사용하였으며 그 앞쪽으로 2개의 기둥을 감주하여 내부공간의 시각적 장애요소를 제거하였다. 뿐만 아니라 조선 후기의 불전인 옥천사 대웅전, 금산사 대

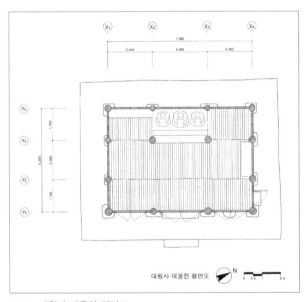

도 11. 대원사 대웅전 평면도

장전, 기림사 약사전 등에서 보이는 불단의 배치 형식과 마찬가지로 불단을 후면 벽체에 바로 붙여 설치함으로서 예불공간의 면적을 최대한 확보하고 있다. 그리고 내부공간의 바닥에는 우물마루가 아닌 장마루를 깔아 간편하게 마감을 하였다.

3. 입면

입면의 구성을 살펴보면 정면 어칸의 상부에는 흰 바탕에 검은 글씨로 대웅전이란 현판이 붙어 있고 어칸을 비롯하여 양쪽의 협칸에는 두 짝의 교살분합문이 설치되어 있으며 우측면에 신도들의 출입을 위한 교살문을 한 짝 달았다. 좌측면과 후면에는 문이 설치되어 있지 않고 모두 벽체로 마감하였으며, 전체적으로 화려하지 않은 소박하고 간결한 형식을 띠고 있다.

입면에서 비교적 특징적인 부분은 좌우 측면, 후면의 창방과 중인방 사이의 벽면에 그려진 일종의 신장상 그림들이다. 사진에서와 같이 좌측면에 4명, 우측면에 3명의 신장상이 그려져 있고 후면에는 12간지에 해당하는 동물 가운데 7마리가 그려져 있다. 좌우측면의 벽화 그림은 중심칸에 두 명, 그 좌우측에는 각기 한 명씩 그려져 있는데 이는 벽면의 크기로 인한 결과로 보인다. 우측면의 경우에는 출입문을 설치한 결과 벽면이 작아져 신장상 하나를 빼고 꽃문양을 그려 넣었다. 마찬가지로 후면의 경우에도 중심칸에는 3마리의 십이지신상을 그렸고, 그 좌우측에는 각각 2마리를 그려 넣어 균형을 꾀했다

도 12. 대웅전의 정면

도 13. 대웅전의 좌측면(상)과 우측면 전경 및 벽화(하)

도 14. 대웅전 좌측(상)과 후면(하) 벽화화

4. 구조

　내부가구는 1고주 5량가로 연등천장으로 되어 있다. 종보 위에는 간략한 형식의 운형대공이 종도리를 받치고 있으며 중도리를 지지하는 종보는 다시 고주 상단에 결구된 주두와 보아지에 연결된다. 또한 고주에는 정면 출입구 방향으로 대들보가 끼워져 있으며 불단 쪽으로 퇴보가 결구되어 있다.

　한편, 내부공간의 활용도를 높이기 위하여 고주가 생략된 부분에는 대들보 위에 동자주를 세우고 그 위에 중도리를 받치는 종보를 올렸다. 그리고 동자주에는 외진평주에 연결된 충량을 걸어 측면의 기둥을 잡아주는 역할을 하고 있다. 이러한 충량은 일반적으로 용을 조각하는 경우가 많은데 여기서도 역시 용조각으로 처리하였다. 정면에서 불단을 바라보고 오른쪽의 용에는 청색이, 왼쪽의 용에는 황색이 각각 칠해져 있다.

도 15. 보 위의 운형대공(상)과 고주의 결구 상황(하)

도 16. 동자주에 연결된 청룡(상)과 황룡(하)

5. 공포대

이 건물의 가장 특징적인 부분은 기둥 위에 올려진 공포에 잘 나타나 있다. 현장조사에 앞서 사진만을 통해 보았을 때는 사공斜栱의 일종으로 추정되었으나,[4] 실측조사 결과 사공과는 거리가 멀고 이익공의 변형된 형태로 판명되었다. 왜냐하면 사공은 구조적인 기능이 강하고 내외부에 모두 45도 내지 60도 각도의 사공부재가 형성되어 있어야 하는데 여기서 의 경우는 단순히 주두에만 끼워져 있으며 정면부분으로만 돌출되어 장 식적인 성격으로 쓰였기 때문이다. 따라서 이 공포는 정확히 말해서 이익 공이라고 할 수 있다.

이 건물에 사용된 공포의 수량은 모두 12개로 외진평주마다 공포를 1 개씩 설치하였으며 형태는 거의 동일하다. 다만 일반적인 이익공과의 차 이점은 도리 방향의 수직으로 결구된 익공부재가 45도 각도로 좌우에 하 나씩 추가되어 3쌍을 이루고 있다는 점이다. 그리고 3쌍으로 이루어진 이 익공의 상부, 즉 보머리가 나온 곳에 용과 봉황이 초각된 장식을 끼워 넣 은 것도 특이한 수법이다.

· · · · · · · · · · · · · · · · · · · ·

4) 중국 목조건축에서 사공은 금대에 보편적으로 사용되었고 이 시대의 특징 가운데 하 나라고 할 수 있다. 비록 산서성 대동에 있는 하화엄사 박가교장전처럼 요대에 이미 사공이 출현하기는 하였지만, 금대에는 요대보다 더 보편적으로 사용되었으며 13세 기 금이 멸망하고 나서부터 사공의 사용은 점차 감소하였다. 사공은 축선상에서 45도 또는 60도 각도로 배치하여 만드는 것으로 절점이 증가하여 하중의 분포가 일반 공 포에 비하여 증가하는 장점이 있지만 대칭구도를 갖지 못하면 이러한 장점은 의미가 없다. 더구나 사공은 지렛대의 원리에 의해 이루지는 것으로 처마 끝부분의 중량을 지지하는 역할을 하기 때문이다. 경우에 따라서 사공은 결구의 관점에서 볼 때 불합 리한 부분도 있으며 외관상 지나치게 번잡하게 보이기도 한다. 일부 학자들의 견해에 의하면 사공의 출현은 공간포의 간격을 조절하기 위한 배려에서 나왔을 가능성도 제 기되고 있는 실정이다.

도 17. 대웅전 공포 실제모습(상)과 실측도(하)

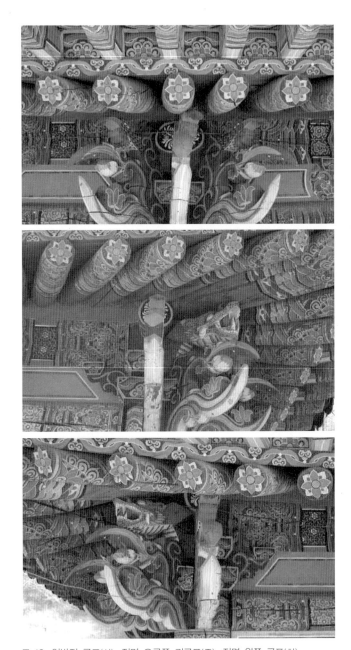

도 18. 일반적 공포(상), 정면 오른쪽 귀공포(중), 정면 왼쪽 공포(하)

도 19. 중심칸에 설치된 원형화반(상)과 그 좌우측 칸의 원형화반(하)

　이러한 봉황과 용조각은 공포의 위치에 따라 조금씩 차이가 있다. 정면의 좌측과 후면의 우측 공포에는 가운데 청룡을, 좌우측에 봉황을 초각하여 각각 올려놓았으며 정면의 우측과 후면의 좌측 공포에는 가운데 청룡을, 좌우측에 봉황을 초각하여 각각 올려놓아 서로 대각선으로 동일한 형

식을 취하고 있다. 그리고 나머지 공포들은 3쌍의 익공 위에 모두 봉황만
을 초각하여 올려놓았다. 결국 네 모서리의 귀공포에 용조각을 장식하여
강조하고 화려함을 추구한 것으로 보인다. 그리고 초익공은 앙서형으로
이익공은 수서형으로 마구리를 처리하는 한편 화려함을 더해 주기 위하
여 머구리 부분에 연꽃조각을 장식하였다.

또한 익공이나 드물게 주심포 건물에서 보이는 화반이 이 건물에도 쓰
이고 있다. 화반은 포와 포 사이의 포벽에 놓여 장혀가 처지는 것을 방지
해 주는 다포형식의 간포와도 같은 역할을 해주는 부재로서 여기서는 원
형화반이 사용되었는데 정면의 어칸 부분과 협칸의 화반형상이 조금 다
르며 좌우측면, 그리고 후면의 경우도 중심칸과 그 좌우칸에 사용된 원형
화반에 차이가 있다. 그것은 각 면의 중심칸 폭이 좌우측의 칸에 비하여
크기 때문에 시각적인 고려를 하여 처리한 것으로 보인다.

6. 지붕

지붕은 팔작지붕의 형태로서 일반적인 사찰의 기와와 달리 청기와를
올렸다. 그리고 용마루나 내림마루 등에는 치미나 용두, 잡상 등과 같은

도 20. 대웅전의 좌측면 지붕형상

장식이 전혀 없이 단순하게 처리하였다. 합각면은 가는 판재를 붙여 구성하였고 그 위에 만자를 그려 넣었으며 지네철과 같은 철물장식이 없이 만들어졌다.

Ⅳ. 결론

이상에서 간략히 살펴본 바와 마찬가지로 대원사 대웅전 건물은 조선후기의 양식에서 크게 벗어나지 않는 평범한 전각이다. 그러나 대웅전이 가지고 있는 사찰 내 전각의 위계와 중요성 때문에 화려하고 웅장함을 표현하기 위하여 공포부분을 특별하게 처리한 것이 돋보이고 있다. 이 건물의 건축과정과 직접 관련된 문헌기록이나 다른 자료를 찾아볼 수는 없지만 당시 재력과 물력의 부족으로 포집을 짓지 못하는 대신 익공집을 지으면서 익공집이 가지고 있는 소박하고 단순한 외관을 보다 장엄하게 보이도록 귀공포를 다른 부분에까지 연용하면서 화려한 모습을 보여주고자 했던 것으로 추정된다. 이러한 익공의 형상은 다른 사례를 찾아 볼 수 없는 매우 희귀한 것으로서 이 건물의 가치를 높여 준다.

다만 내부의 여러 부재들이 부식되고 수리과정에서 부재를 덧붙여 사용한 것들이 종종 발견되고 있는데 건물의 내구성을 위해서라도 이러한 부재들은 교체가 필요하다. 또한 전체적으로 건물이 노후하여 전면적인 보수가 시급한 실정이다. 따라서 이 건물의 갑작스러운 철거나 무리한 개조를 막고 건축양식이 가지고 있는 특성을 유지하도록 하기 위하여 적어도 지방유형문화재 정도의 수준으로 지정한 다음 유지, 관리하도록 하는 것이 바람직할 것으로 판단된다.

참고문헌

장기인, 『한국건축사전』, 보성문화사, 1985.
이무희, 「조선후기 불전의 특성과 그 변화에 관한 연구」, 한양대 석사학위논문, 1988.
中國科學院自然科學史研究所主編, 『中國古代建築技術史』, 科學出版社(北京), 1990.
김왕직, 『그림으로 보는 한국건축용어 사전』, 발언, 2000.
허 균, 『사찰장식 그 빛나는 상징의 세계』, 돌베개, 2000.

완주 대원사 대웅전 목조불상의 제작시기와 조각승 추론

최선일 문화재청 문화재감정위원

❖ 이 논문은 2008년도 정부(교육인적자원부)의 재원으로 한국학술진흥재단의 지원을 받아 수행된 연구이다(KPF-2008-314-H00001).

❖ 이 논문은 2011년 4월 16일 동북아불교미술연구소·문화유산연구소 주최로 열린 완주 대원사 학술대회에서 발표했던 내용을 수정·보완하여 『文化史學』 35호(2011. 6)에 게재했던 것이다.

I. 머리말

천오백년의 역사를 가진 모악산 대원사는 오랜 역사에도 불구하고,[1] 임진왜란 이전에 제작된 유물은 오층석탑五層石塔 밖에 없다. 현존하는 문화재도 개별적인 연구가 진행되지 않아 그 가치를 충분히 밝혀지지 못하였다.

특히, 대웅전과 명부전 내에 봉안된 목조불상은 조선후기에 제작되었다는 추정 밖에 못하고 있다.[2] 필자는 2010년 5월에 사찰의 의뢰를 받아 충북대학교 목재연륜소재은행과 전각에 봉안된 목조불상의 수종樹種과 연륜年輪 및 불상 양식을 조사하였다. 이 조사를 통하여 목조불상을 만든 나무와 나이테 분석을 통해 대략적인 벌채연도를 추정할 수 있게 되었다. 그리고 이전에 대웅전 불상에서 발견되어 보관 중인 시주자만 언급된 조성발원문을 확인할 수 있었다.[3] 이외 명부전 불상 가운데 도명존자입상에서 조성시기와 조각승 및 시주자가 적혀 있는 조성발원문을 조사하였다.

조선후기 불교조각사는 개별 조각승의 활동과 그 계보를 중심으로 양

----

1) … 時普德和尙住盤龍寺. 憫左道匹正,國祚危矣. 屢諫不聽. 乃以神力飛方丈. 南移于完山州(今全州也)孤大山而居焉. 卽永徽元年庚戌六月也 … 師有高弟十一人. 無上和尙與弟子金趣等 創金洞寺. 寂滅,義融二師創珍丘寺. 智藪創大乘寺. 一乘與心正大原等創大原寺. 水淨創維摩寺. 四大與契育等,創中臺寺. 開原和尙, 創開原寺. 明德創燕口寺. 開心與普明亦有傳. 皆如本傳. …(『三國遺事』卷3 寶藏奉老 普德移庵.)
2) 『한국의 사찰문화재 − 전라북도·제주도』, 문화재청·대한불교조계종 문화유산발굴조사단, 2003, p.382.
3) 사찰에 소장된 조성발원문은 대원사 석문 주지스님의 도움으로 조사할 수 있었다.

도 1. 완주 대원사

식적인 접근과 변화과정을 밝혀내고 있다.[4] 현재까지 조선후기에 불상을 제작하거나 중수·개금에 참여한 승려장인은 1,000명에 이르고 있다. 이 가운데 불상 조성과 중수·개금을 주도한 130여 명 가운데 30여 명의 조각승의 활동 시기와 활동 내역이 연구되었다.[5] 이러한 연구 성과를 바탕으로 제작연대를 알 수 없는 무기년명無紀年銘 불상의 조성 시기와 조각승 등을 접근하고 있다.[6] 이는 개별 조각승과 그 계보에 작가마다 얼굴의 인상, 신체 비례, 착의법 등이 다르기 때문이다.

본고에서는 완주 모악산 대원사 대웅전에 봉안된 목조삼세불좌상의 형

----

[4] 조선후기 활동한 개별 조각승의 활동에 대해서는 崔宣一, 『朝鮮後期僧匠人名辭典 －佛教彫塑』, 養士齋, 2007을 참조할 만하다.

[5] 崔宣一, 「朝鮮後期 彫刻僧의 활동과 佛像研究」, 홍익대학교 박사학위청구논문, 2006. 8.

[6] 崔宣一, 「남양주 흥국사 대웅보전 불상의 제작시기와 조각승 추론」, 『불교미술』 19, 동국대학교박물관, 2008. 1, pp.3~30.

식적인 특징과 조성발원문을 살펴보고자 한다. 그리고 목조불상의 수종과 연륜 분석 및 조성발원문에 나오는 시주자 가운데 스님들의 활동 상황을 밝혀 제작시기를 추정해 보고자 한다. 이와 같은 분석을 바탕으로 목조삼세불좌상의 얼굴 인상, 신체비례, 착의법 등을 중심으로 어느 계보의 조각승이 제작하였는지를 밝혀보겠다.

II. 대웅전 목조불상의 형식적 특징과 조성발원문

전라북도 완주군 모악산 중턱에 위치한 대원사는 대한불교조계종 제17교구 금산사金山寺의 말사이다(도 1). 대원사는 정유재란 기간에 파괴되어 1606년에 진묵일옥震默一玉이, 1733년에 동명천조東明千照가, 1886년에 금곡인오錦谷仁旿 등이 중창하였다.[7]

1. 목조삼세불좌상

대웅전 내 수미단須彌壇 위에 봉안된 목조불상은 석가불을 중심으로 아미타불과 약사불로 이루어진 석가삼세불좌상釋迦三世佛坐像이다(도 2). 목조불상의 내부에 봉안된 복장물은 이전에 도난당해 남아있지 않고, 사찰 내에 시주자만 언급된 조성발원문 1장이 남아있다.

목조석가여래좌상은 높이가 127cm, 무릎 너비가 91.0cm인 중대형불상이다(도 3). 불상은 상체를 약간 앞으로 내밀어 구부정한 자세이다. 머리에

---

7) 2010년에 사찰을 조사하는 과정에서 석문주지스님이 모아 놓은 銘文瓦를 실견할 수 있었다.

도 2. 목조삼세불좌상, 완주 대원사

도 3. 목조석가불좌상, 완주 대원사

도 4. 목조석가불좌상 상반신, 완주 대원사

는 뾰족한 나발螺髮과 경계가 불분명한 육계肉髻가 표현되고, 이마 위에 반원형의 중앙계주中央髻珠와 정수리에 위부분이 둥글고 낮은 원통형의 정상계주頂上髻珠가 있다. 방형의 얼굴에 반쯤 뜬 눈은 눈 꼬리가 약간 위로 올라갔고, 코는 원통형으로 단순하며, 입은 살짝 미소를 짓고 있다 (도 4). 목에는 삼도三道가 둥글게 표현되었다. 이와 같은 얼굴 형태와 이목구비耳目口鼻에서 풍기는 인상印象을 가진 불상은 많지 않다. 본존은 오른손을 무릎 밑으로 내려 항마촉지인降魔觸地印을, 왼손은 무릎 위에 자연스럽게 올려놓고 엄지와 중지를 맞댄 수인을 취하고 있다. 이러한 수인手印은 1684년에 색난色難이 제작한 강진 옥련사 목조여래좌상(강진 정수사 조성)의 왼팔에 적힌 석가釋迦라는 묵서명墨書銘을 통해 석가불의 수인임을 알 수 있다(도 5).[8] 특히 세 구의 불상 모두 구부린 손가락 사이에 작은 구슬 하나 또는 두 개를 표현하였다(도 6).

바깥쪽에 걸친 대의자락은 오른쪽 어깨에서 복부까지 내려와 완만한 U자형을 이루고, 나머지 대의자락은 두 겹으로 접혀 오른쪽 어깨에 비스듬히 걸친 후 팔꿈치와 배를 지나 왼쪽 어깨로 넘어간다(도 7). 그리고 반대쪽 대의자락은 왼쪽 어깨를 완전히 덮고 복부로 흘러내렸다. 이 불상의 대의처리에서 눈여겨 볼 부분은 오른쪽 어깨에서 넓게 펼쳐져 U자형으로 늘어진 대의자락과 넓게 펼쳐져 넘어가는 옷자락의 표현이다. 오른쪽 어깨에 걸친 대의자락의 표현은 17세기 후반에 활동한 색난色難이나 단응丹應 등이 제작한 불상과 차이가 있다.[9] 이와 같이 U자형으로 늘어진 대의자락이 표현된 18세기에 제작된 불상에서 볼 수 있는 요소이다.

....

8) 崔仁善,「康津 玉蓮寺 木造釋迦如來坐像과 腹藏」,『文化史學』1, 한국문화사학회, 1994. 6, pp.129~158.
9) 단응과 그 계보에 관해서는 아래의 글이 있다. 沈柱完,「龍門寺 木佛像의 작풍과 그 영향」『講座 美術史』26-Ⅰ, 한국불교미술사학회, 2006, pp.139~163; 이민형,「17세기 후반의 彫刻僧 端應과 卓密의 불상 연구」, 홍익대학교 석사학위논문, 2010.

도 5. 색난, 목조여래좌상, 1684년, 강진 옥련사
도 6. 손가락 사이의 구슬 표현 도 7. 오른쪽 어깨의 대의처리
도 8. 하반신 대의처리 정면 도 8-1. 하반신 대의처리 측면

하반신을 덮은 대의자락은 배에서 늘어져 넓게 펼쳐지고 나머지 옷자락은 완만하게 늘어져 있다(도 8). 이러한 대의 처리는 17세기 중·후반이나 18세기 전반에 활동한 조각승이 제작한 불상의 하반신 대의 처리와 다르다. 특히, 왼쪽 무릎을 감싸고 있는 소매 자락의 표현은 색난의 작품에서 연판형蓮瓣形으로 완전히 덮은 반면, 왼쪽 측면이 나뭇잎 모양으로 날카롭게 처리되었다(도 8-1).

불상의 측면에 늘어진 대의자락의 형태는 어깨선을 따라 두꺼운 한 가닥의 옷 주름이 수직으로 내려오다가 앞부분은 손목으로, 뒷부분은 거의

도 9. 목조석가불좌상 측면, 완주 대원사
도 10. 목조아미타여래좌상 후면
도 11. 인균, 목조여래좌상 후면, 1624년, 순천 광원암

수직으로 늘어지면서 대의 끝단이 사선斜線을 그리며 완만하게 늘어져 있다(도 9). 이와 같이 옷 주름이 접힌 부분은 17세기 전반에 활동한 수연이 제작한 불상이나 1713년에 진열이 제작한 고양 상운사 목조아미타여래좌상 등과 다르다. 또한 이 불상들은 대의 끝단이 손목에서 한 번 접혀 밑으로 흘러내린 형태에서 차이가 있다.

아미타불의 뒷면은 목둘레에 대의 끝단을 두르고, 왼쪽 어깨에 앞에서 넘어온 세 겹으로 접힌 대의자락이 바닥까지 길게 늘어져 있다(도 10). 등 뒤를 대각선으로 가로질러 선이 표현된 것은 17세기 전반에 활동한 조각 승의 작품에서 볼 수 있는 요소이다(도 11). 대의 안쪽에 입은 승각기僧脚崎가 가슴에서 좌우 대각선으로 겹쳐 있다. 이와 같이 겹쳐진 승각기 상단의 표현은 전국 사찰에 분포한 조선후기 불상 가운데 몇 작품에서만 보인다.

2. 조성발원문

대웅전 불상에서 발견된 조성발원문은 조성연대와 연화질 등이 없고, 시주자만 언급되어 발원문의 뒷부분에 해당한다는 것을 알 수 있다(도 12).[10]

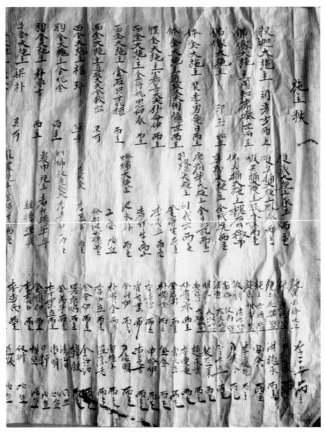

도 12. 조성발원문 일부

10) 이 조성발원문은 백지에 묵서된 상태이고, 시주자의 위치를 정확하게 하기 위해 가로로 언급된 부분을 옆으로 입역하였다. 그리고 조성발원문 감수는 송광사 성보박물관장 고경스님과 인천공항 문화재감정관실 김형우 박사님이 해 주셨다.

施主秩

釋迦大施主　劉彦方　兩主	腹藏大施主　　承玉　兩主	施主　云洽　比丘	李二上　兩主
佛像大施主　同知 李奉世 兩主	喉靈桶大施主　鳳春　兩主	施主　應淳　比丘	尹許承　兩主
佛像大施主　印玉　比丘	喉靈桶大施主　張承業　兩主	施主　先嘿　比丘	洪德承　兩主
体金大施主　裵孝男愛日　兩主	佛靈桶大施主　魏厚徹12)兩	施主　雪活　比丘	今安13)　兩主
体金大施主　通政大夫 閑億世 兩主	眞粉大施主　全戒先　兩主	施主　性學　比丘	李□先　兩主
體金大施主　嘉善大夫 朴命伊 兩主	唐荷葉大施主　金日龍　兩主	敬訓　浩活　比丘	尹貴承　兩主
面金大施主　金得龍思仰春 兩主	引燈大施主　劉戒云　兩主	尙倫　儀尙　比丘	曹卜立　兩主
面金大施主　金石只㫆德　兩主	金得生　兩主	法連　太元　比丘	裵乿屎　兩主
面金大施主　通政大夫 金軟熙 靈可	李龍立　兩主	明元　太熙　比丘	趙承業　兩主
面金大施主　福玠　單身	者斤生　兩主	惠贊　太祐　比丘	李愛龍　兩主
胸金大施主　金悅金　兩主	燈燭大施主　池永福　兩主	朴貴養　兩主	曹文立　兩主
胸金大施主　朴夢吉　兩主	一安　比丘	金君男　兩主	金金　兩主
手金大施主　梁福　靈可	僉知　池萬億　兩主	朴順金　兩主	申命伊　兩主
手金大施主　通政大夫 劉莫孫 兩主	通政大夫　李彖男　兩主	李老男　兩主	曹文吉　兩主
手金大施主　白春山　兩主	燈燭施　通政大夫 李彦伊 兩主	崔龍業　兩主	尹海明　兩主
體木大施主　禮承　單身	覆巾施主　者斤德　單身	金山伊　兩主	曹德卜　兩主
體木大施主　朴說立　兩主	難德　單身	朴貴金　兩主	溫烹老　兩主
體木大施主　金儀　兩主	龍露施主　玄德生　兩主	李卜立　兩主	金汝海　兩主
供養大施主　雪閑　令可	三綠施主　洪會業　兩主	金金伊　兩主	韓鐵　兩主
烏金大施主　同知 朴水仁 兩主	腹藏施主　洪莫金 順月 兩主	吳京好　兩主	海淸14)　比丘
烏金大施主　姜福　兩主	供養施主　者斤禮　兩主	金民斗　兩主	學明　比丘
烏金大施主　莫介　兩主	施主　洪丙金　兩主	李業立　兩主	日軒　比丘
烏金大施主　徐臥龍　兩主	愛今　兩主	金順伊　兩主	性堅　比丘
烏金大施主　ㅗ11)嘿　比丘	何儀厚　兩主	李㫆卜　兩主	儀衍　比丘
烏金大施主　金命龍　兩主	施主　金許弄　兩主	李於屯　兩主	道機　比丘
烏金大施主　金敬守　兩主	金老郎　兩主	朴良立　兩主	戒森　比丘
普施大施主　秋春儀 三月 兩主	金厚孫　單身	李愛龍　兩主	法祐　比丘
	李熙　兩主	愛今　兩主	朴九大　兩主
	施主　李日生　兩主	朱繼發　兩主	愛花　兩主
	李日孫　兩主	金守英　兩主	還明　兩主
	金仍邑金　兩主	眞機　比丘	張命龍　兩主
	尹彦春　兩主	戒信　比丘	金毳金　兩主
	施主　洪葉伊　兩主	印先　比丘	秋難卜　兩主
	林士男　兩主	戒玉　比丘	朴世云　兩主
	施主　金宣伊　兩主	玉能　比丘	金吉禮　兩主
	朴仁福　兩主	戒贊　比丘	方厚生　兩主
	金号金　兩主	敬明　比丘	李㫆金　兩主
		處均　比丘	林粟音同　兩
		雪草　比丘	朴厚生　兩主
		梁勝元　兩主	全善卜　兩主
		姜順生　兩主	朴春山　兩主
		姜春梅　兩主	朴傳生　兩主
		洪男　兩主	朴眞生　兩主
			林旺連　兩主
			全南伊　兩主
			全福男　兩主

			金䂓金 兩主	洪莫福 兩主	朴□福 兩主
道祐	比丘	施主 洪內山 兩主	金日金 兩主	全厚 兩主
供養施主	性祐 比丘	施主 金福立 兩主	張卜龍 兩主	崔論承 兩主
尙岑	比丘	亐德 兩主	朱戒永 兩主	崔甘金 兩主
李乙生	兩主	施主 金戒先 兩主	趙臺斤 兩主	全旺秋 兩主
供養	李㲼男 兩主	施主 吳太生 兩主	宋梅溫金 兩主	雪梅 比丘
金吾男	兩主	施主 金戒宗 兩主	姜尙金 兩主	還伊 比丘
		愛今 兩主	戒當 比丘	崔貴害 兩主
金還伊	兩主	李福立 兩主	玉敬 比丘	牛卜只 兩主
烏金施主	姜甘金 兩主	施主 申哀全 兩主	解円 比丘	黃立伊 兩主
	裴二男 兩主	施主 哀今 兩主	尙明 比丘	李㲼龍 兩主
裏布大施主 洪得成	諸件介 兩主	施主 崔京直 兩主	忠蘭 比丘	克淳 比丘
		金乙仁 兩主	朱敬好 兩主	趙莫同 兩主
裏布大施主 通政大夫	崔彦眞 兩主	施主 李丁禮 兩主	張吉伊 兩主	朴戒民 兩主
		洪㟴山 兩主	金還永 兩主	崔淨其 兩主
	金伊生 兩主	施主 金元吉 兩主	金小生 兩主	乙里 兩主
末醬施主	金善日 兩主	施主 梁日禮 兩主	金永男 兩主	金京龍 兩主
	洪益 比丘	施主 金㟴補 兩主	金永山 兩主	李臺斤 兩主
	洪士天 兩主	崔生伊 兩主	金英山 兩主	李斗白 兩主
		施主 崔承伊 兩主	金㲼山 兩主	李廷吉 兩主
末醬施主	金福立 兩主	施主 只双德 兩主	春伊 兩主	李廷礼 兩主
	金二生 兩主	施主 論害 兩主	朴楚栢 兩主	全京立 兩主
	閑奉山 兩主	澤伊 兩主	朴得男 兩主	愛今
		施主 德玠 兩主	朴成男 兩主	李戒元 兩主
	方乫福 兩主	金生伊 兩主	文活元 兩主	崔㲼龍 兩主
末醬施主	朴鐵金 兩主	施主 劉承補 兩主	戒心 比丘	崔士龍 兩主
		劉善生 兩主	戒學 比丘	白破回 兩主
鐵物大施主	崔致日 兩主	施主 劉德卜 兩主	杜嘿 比丘	崔夢鐵 兩主
		施主 劉破回 兩主	智閑 比丘	金大生 兩主
	金儀金 兩主	德礼 兩主	双玉 比丘	曺善卜 兩主
	金自公 單身	施主 崔奉龍 兩主	信軒 比丘	鄭㲼龍 兩主
		鄭日生 兩主	熙淨 比丘	金得先 兩主
座臺大施主	張暹伊 兩主	吳流衍 兩主	淨輝 比丘	朴守花 兩主
坐臺大施主	李丁吉 兩主	施主 尹己雲 兩主	印終 比丘	梁士龍 兩主
坐臺大施主	朴仁福 兩主	玉玲 比丘	性海 比丘	梁己業 兩主
腹藏大施主	姜遑達 兩主	印宗 比丘	電光 比丘	朴金〃 兩主
			省准 比丘	靈元 比丘
腹藏大施主	閑春 兩主	印海 比丘	先各 比丘	智伯 比丘
			信囧 比丘	金戒修 兩主
		印守 比丘	性坦 比丘	金生伊 兩主
			處行 比丘	梁勝男 兩主
			儀仁 比丘	金生伊 兩主
			敬軒 比丘	崔應龍 兩主
				金生文
				金立伊
				金儀日

조성발원문에 언급된 시주자는 313명이고, 이 가운데 스님은 80명이다. 이들의 활동 시기를 2010년 명부전 도명존자에서 발견된 조성발원문과 비교해 보면 <표 1>과 같다.

<표 1> 완주 대원사 전각별 관련 스님

이름		대웅전 목조불상 조성	1688년 명부전 목조불상 조성	이름		대웅전 목조불상 조성	1688년 명부전 목조불상 조성
각뇌	覺雷		三寶와 腹藏施主	쌍옥	双玉		寺中秩
경명	敬明	施主		언상	彦尙		善日과 別座
경헌	敬軒	施主		영원	靈元	施主	
경훈	敬訓	施主		옥경	玉敬	施主	
계삼	戒森	施主		옥능	玉能	施主	
계신	戒信	施主		옥령	玉玲	施主	
계심	戒心	施主		운흡	云洽	施主	
계옥	戒玉	施主		원민	元敏		供養主
계운	戒雲		金仁男과 冶匠 참여	응성	應性		首僧
계은	戒誾	施主		응순	應淳	施主	
계찬	戒贊	施主		의상	儀尙	施主	
계초	戒初		道岑과 畵員 참여	의연	儀衍	施主	
계학	戒學	施主		의영	儀暎		道岑과 畵員 참여
극순	克淳	施主		의인	儀仁	施主	
도기	道機	施主		인선	印先	施主	
도우	道祐	報施施主		인수	印守	施主	
도잠	道岑		首畵僧	인옥	印玉	佛像大施主	
두묵	ㅗ嘿	烏金大施主		인종1	印宗	施主	
	杜嘿	施主		인종2	印絡	施主	
두안	ㅗ安	燈燭施主		인찬	印讚		寺中秩
두원	斗元		持殿	인해	印海	施主	
명원	明元	施主		인휘	印暉		山人
묘관	妙寬		腹藏施主	일헌	日軒	施主	

. . . .

11) ㅗ는 '두'자이다.

12) 徵는 '미'자이다.

13) 淸海에 환치 부호가 있다.

14) 두 밑에 ㄱ이 있는 것을 괄호를 넣어 적었다.

이름		대웅전 목조불상 조성	1688년 명부전 목조불상 조성	이름		대웅전 목조불상 조성	1688년 명부전 목조불상 조성
민경	敏冏		持殿	전광	電光	施主	
밀엄	密嚴		證明	정휘	淨輝	施主	
방순	方淳		寺中秩	종수	宗修		寺中秩
법련	法連	施主		종인	宗印		寺中秩
법안	法眼		道岺과 畵員 참여	지백	智伯	施主	
법우	法祐	施主		지한	智閑	施主	
상륜	尙倫	施主		지현	智玄		道岺과 畵員 참여
상명	尙明	施主		진기	眞機	施主	
상잠	尙岑	供養施主		진열	震悅		道岺과 畵員 참여
선각	先各	施主		처균	處均	施主	
선묵	先嘿	施主		처연	處衍	施主	
선일	善日		別座	초□	初□		腹藏施主
설매	雪梅	施主		충란	忠蘭	施主	
설초	雪草	施主		탑변	塔卞	山人	
설활	雪活	施主		태우	太祐	施主	
성견	性堅	施主		태원	太元	施主	
성우	性祐	供養施主		태해	太海		金仁男과 冶匠 참여
성일	性日		道岺과 畵員 참여	태희	太熙	施主	
성정	性淨		供養主	학명	學明	施主	
성준	省准	施主		학문	學文		幹善道人과 大化士
성탄	性坦	施主		학신	學信		寺中秩
성학	性學	施主		해엔	解円	施主	
성해	性海	施主		해청	海淸	施主	
순익	淳益		山人	혜운	惠雲		道岺과 畵員 참여
승익	勝益		幹善道人과 大化士	혜찬	惠贊	施主	
승찬	勝贊		幹善道人과 大化士	호활	浩活	施主	
신경	信冏	施主		홍익	洪益	末醬施主	
신헌	信軒	施主		환이	還伊	施主	
쌍옥	双玉	施主		희정	凞淨	施主	

　　위의 <표 1>을 통하여 살펴보면, 대원사 대웅전과 명부전 불상 제작에 공동으로 참여한 스님은 쌍옥双玉밖에 없다. 이는 대웅전 목조삼세불좌상 조성에 관련된 스님 80명 가운데 1명만이 중복된 것으로 대웅전과 명부전 불상이 가까운 시기에 제작되지 않았음을 알 수 있는 단서이다. 임진

왜란 이후 사찰의 중창과 중수와 더불어 중심 전각이 정비된 후에 부속 전각이 건립되었다.

Ⅲ. 목조불상의 수종과 연륜 분석 및 시주자를 통해 본 제작시기

목조불상의 수종과 연륜 분석은 불상을 만든 나무의 벌채연도를 밝힐 수 있다. 이는 조선후기 목조불상을 과학적으로 분석하는 방법으로 불상의 양식사적 연구를 보완해 줄 수 있는 방법이다.[15]

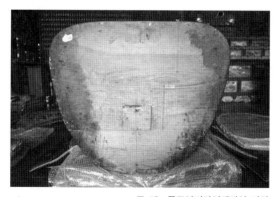

도 13. 목조아미타여래좌상 바닥

---

15) 대웅전과 명부전 불상의 수정과 연륜분석 내용은 충북대학교 박원규 교수와 김요정 박사가 분석한 내용을 참조하였다(「우리나라 목조불상의 과학적 연대측정과 재질분석- 1차년도 연차보고서」, 2009, pp.29~31).

1. 수종 분석

대웅전 목조불상의 몸체와 손은 은행나무이고, 아미타불의 왼손만 소나무인데, 이는 후대에 수리된 것으로 보인다. 불상의 몸체 밑에 붙인 밑판과 대좌는 소나무를 사용하였다(도 13). 이런 현황은 조선후기 여래상에서 흔히 볼 수 있는 경향이다.

2. 연륜 연대 분석

목조불상의 밑판과 대좌를 대상으로 연륜을 분석하였으며 상호비교를 통하여 대표 연대기를 작성하였다.

〈표 2〉 대웅전 삼세불 연대기

〈표 3〉 마스터연대기와의 비교값

비교연대기	중첩기간	T 값	G 값	CDI	마지막연륜의 절대연도
영국사	87년	4.3	73	194	1666년

〈표 4〉 삼세불 원목재의 심·변재수로부터 유추된 벌채연도

바닥과 대좌에 사용한 목재에는 수피부가 존재하지 않았다. 따라서 1666년 이후에 벌채된 목재를 사용하여 대원사 대웅전 삼세불을 조성하였음을 알 수 있다. 목재는 수에서 조금 벗어난 부분부터 사용하였다. 현존하는 심재연륜의 숫자가 45개라 원래 존재한 심재연륜 수는 50개로 추산할 수 있다. 현존하는 변재의 연륜 수는 41개인데, 통계수치(심재연륜 수 50일 때 변재연륜수 60)를 적용하면 치목되어 없어진 변재연륜 숫자는 19개가 되며 예상되는 목재의 벌채연도는 1685년이다. 이는 통계 값으로 오차범위(± 10년)를 가지므로 1675~1695년 사이에 벌채된 목재를 사용하여 삼세불을 조성하였다.

3. 시주자

조성발원문에 시주한 스님의 활동을 밝히기 위해 17세기 중반 전북 전주와 완주 일대 사찰에 남아있는 사적기事蹟記와 불상 발원문發願文 및 범종 명문銘文 등을 중심으로 살펴보고자 한다.

앞서 언급한 바와 같이, 대웅전과 명부전 불상의 조성발원문에 공동으로 언급된 스님은 쌍옥双玉 밖에 없다. 쌍옥은 완주 대원사 대웅전 불상 조성에 시주자로, 1688년 명부전 목조지장보살삼존상과 시왕상 제작 시 사중질寺中秩로 언급되었다. 그는 1639년에 경북 하동 쌍계사 목조삼세불좌상 조성발원문에 시주자로 나와 있다.

대웅전 불상 조성발원문 시주질 가운데 스님은 80명으로, 이 가운데 13명은 17세기 중반 문헌기록을 통하여 활동 상황의 접근이 가능하다. 인옥印玉은 1633년 김제 귀신사 영산전 목조불상 조성발원문과 완주 송광사 범종(광주 증심사 조성) 명문에 시주자로 나와 있고,[16] 성해性海와 영원靈元

16) 문화재청, 위의 보고서, p.65.

은 1633년에 충남 부여 무량사 소조불상 조성에 관여하였다.[17] 특히, 성해는 1643년에 경남 진주 응석사 목조삼세불좌상 조성 시 본사질本寺秩로 언급되고,[18] 1650년에 대전 비래사 목조불상 조성에 시주자로 참여하였다.[19] 도우道祐(-1633~1664-)는 17세기 중반에 무염의 계보에 속하는 조각승으로 추정된다. 그는 수화승 무염과 1633년에 전북 고창 선운사 대웅보전 목조삼신불좌상을,[20] 1635년에 전남 영광 불갑사 대웅전 목조삼세불좌상을,[21] 1651년에 강원 속초 신흥사 목조아미타삼존불좌상, 목조지장보살좌상과 시왕상을 제작하였다.[22] 1653년에 수화승 지영과 구례 화엄사 괘불도를 제작한 후, 수화승으로 1655년에 경북 칠곡 송림사 석조아미타삼존불좌상과 석조삼장보살좌상을, 1657년에 송림사 대웅전 목조삼존불좌상을,[23] 1664년에 전남 나주 죽림사 목조삼세불좌상을 제작하였다.

경헌敬憲은 1636년에 전북 완주 송광사 개창비 후면에 박사鈑事로 참여하였고,[24] 이 사적비 건립에 계신戒信, 선묵禪默, 혜찬惠贊은 시주자로 참여하였다.[25] 또한 1641년에 완주 송광사 대웅전 소조불상 제작에 명원明遠, 인종印宗, 혜찬惠贊이 시주자로 언급되어 있다.

. . . .

17) 洪思俊, 「鴻山 無量寺 極樂殿 發見 主佛尊 腹藏品」, 『美術資料』19, 國立中央博物館, 1976, pp.29~31.
18) 조성발원문.
19) 송은석, 「17세기 朝鮮王朝의 彫刻僧과 佛像」, 서울대학교 박사학위논문, 2007, pp.440~441.
20) 불상 제작에 참여한 조각승들은 비로자나불 대좌 바닥 면에 墨書되어 있다.
21) 東國大學校博物館·靈光郡, 『靈光 母岳山 佛甲寺 地表調査報告書』, 2001, pp.164~166.
22) 文明大, 「無染派 목불상의 제작과 설악산 新興寺 목아미타삼존불상」, 『고려·조선불교미술사 연구 ; 三昧와 平淡美』, 예경, 2003, pp.402~416.
23) 文明大, 「松林寺 大雄殿 木 釋迦三尊佛坐像의 연구」, 『講座 美術史』 27, 韓國佛教美術史學會, 2006, pp.5~23; 「松林寺 大雄殿 石 阿彌陀三尊佛坐像의 연구」, 『講座 美術史』 27, 韓國佛教美術史學會, 2006, pp.25~39.
24) 문화재청, 앞의 보고서, p.60.
25) 문화재청, 위의 보고서, pp.60~61.

〈표 5〉 대원사 대웅전 불상 조성에 시주한 스님[26]

	경헌 敬軒	계신 戒信	계심 戒心	계찬 戒贊	도우 道祐	명원 明元	상명 尙明	선묵 先嘿	성학 性學	성해 性海	성옥 性玉	쌍옥 双玉	영원 靈元	인옥 印玉	인종 印宗	인해 印海	지한 智閑	태원 太元	학명 學明	혜찬 惠贊
1633년 김제 귀신사 영산전														O						
1633년 부여 무량사								O			O									
1634년 고창 선운사				O																
1636년 완주 송광사 개창비	O	O			O															O
1639년 하동 쌍계사					O					O										
1640년 거창 심우사															O	O				
1641년 익산 숭림사															O					
1641년 완주 송광사					O										O					
1643년 진주 응석사								O										O		
1646년 구례 천은사 수도암			O															O		
1650년 대전 비례사								O												
1651년 서울 봉은사			O																	
1651년 고흥 금탑사																		O		
1653년 고창 문수사						O														
1656년 완주 송광사 영산전											O									
1657년 칠곡 송림사		O		O											O					
미상 완주 대원사 대웅전	O	O	O	O	O	O	O	O	O	O	O	O	O	O	O	O	O	O	O	O
1688년 완주 대원사 명부전												O								
異名														仁玉	印終					

이와 같이 〈표 5〉에 언급된 스님들은 구체적인 활동이 밝혀져 있지 않지만, 1630년대부터 1650년대까지 활동한 스님들이 주류를 이루어 대웅전 불상의 제작 시기를 추정할 수 있다.

따라서 완주 대원사 목조불상은 연륜분석을 통하여 최소한 1666년 이후에 제작되었고, 불상 제작에 참여한 80명의 스님 가운데 19명이 1630~1650년대 완주와 전주 및 여러 지역에서 활동하였으며, 마지막으로 대웅

---

26) 조선후기 스님에 대한 체계적인 정리가 되지 않아 필자가 정리한 불상 조성발원문이 대부분이다. 다만 완주 송광사 영산전 불상 조성발원문과 사적비 등의 내용은 文化財廳, 『完州 松廣寺 鐘樓 實測調査報告書』, 2000을 참조하였다.

전 불상과 1688년에 명부전 불상 제작에 쌍옥스님만 참여한 것은 대웅전 불상이 1670년대에 제작되었을 가능성이 높다.

IV. 목조불상의 조각승 추론推論

앞 장에서 완주 대원사 목조삼세불좌상의 양식적 특징과 조성발원문 및 수종과 연륜분석에 대하여 살펴보았다. 이를 통하여 대웅전 목조삼세 불좌상은 17세기 후반(1670년대)에 제작된 것으로 추정하였는데, 이를 바탕 으로 조선후기 활동한 조각승들을 중심으로 작가를 밝혀보고자 한다.

17세기 중반부터 개별 조각승 계보들은 얼굴의 인상과 대의처리 등이 유사한 불상을 제작하였다. 이는 조각승 계보마다 동일한 불상 양식을 공 유한 결과이다. 이러한 연구 성과를 바탕으로 대웅전 불상의 제작 집단에 대한 접근을 시도할 수 있다. 현재 조선후기 불상 가운데 발원문과 사적 기를 통해 제작연대를 알 수 있는 불상은 300여 점으로, 그 가운데 17세기 후반에 제작된 불상은 100점에 이른다.

17세기 중·후반에 활동한 대표적인 조각승은 운혜, 회감, 색난, 단응, 승호 등이다. 대원사 목조삼세불좌상은 신체에서 머리가 차지하는 비중이 큰 편이고, 상반신에 비하여 하반신이 높아 1650년대 이전에 제작된 목조불상과 신체비례 가 다르다(도 14).[27] 특히, 17세기 후반에 제작된 불상들이 상반신에 비하여 하반신이 높아지는 경향을 보인다. 예를 들어 1684년 부산 장안 기장사 석가불은 얼굴과 무릎의 높이가 커지면서 상반신이 줄어들고, 어깨가 넓

....

27) 목조여래좌상의 신체비례는 높이와 무릎 너비가 1:0.62~1:0.79 사이에 놓여 있다(최 선일, 「朝鮮 後期 彫刻僧과 佛像樣式의 변천」, 『美術史學硏究』 261, 한국미술사 학회, 2009, p.61).

■■■　도 14. 영철, 목조지장보살좌상, 1649년, 서울 화계사
■■■　도 15. 승호, 석조석가여래좌상좌상, 1684년, 기장 장안사
　　　도 16. 색난, 목조지장보살좌상, 1680년, 광주 덕림사
　　　도 17. 단응, 목조아미타여래좌상, 1684년, 예천 용문사
　　　도 18. 목조아미타여래좌상, 공주 신원사
　　　도 19. 목조지장보살좌상, 공주 신원사

어지면서 다부진 느낌을 준다(도 15).

　조선 후기에 제작된 전형적인 불상은 각이진 방형의 얼굴에 눈꼬리가
약간 위로 올라가 있고, 코가 원통형이며, 입가에 살짝 미소를 머금고 있
다. 얼굴에서 풍기는 인상은 17세기 후반에 호남 지역에서 활동한 조각승
색난이나 충옥의 불상(도 16), 영남에서 활동한 단응이나 승호의 불상과 다

■■ 도 20. 회감, 목조지장보살좌상, 1661년, 강진 무위사
■■ 도 21. 회감, 목조아미타여래좌상, 1666년, 군산 불주사
도 22. 회감, 목조대세지보살좌상, 1661년, 평창 상원사
도 23. 목조석가여래좌상, 통영 안정사(한국의 사찰문화재 −경남1)

르다(도 17). 대원사 대웅전 불상과 유사한 얼굴의 인상은 제작연대를 알수 없는 충남 공주 신원사 극락전과 명부전 불상이다(도 18~19).

대원사 대웅전 목조불상은 두꺼운 대의 자락이 오른쪽 어깨에 걸쳐 짧게 늘어지고, 복부에서 넓게 펼쳐져 왼쪽 어깨로 올라가 뒤로 넘어가고 있다. 이와 같은 대의 처리는 조각승 회감이 제작한 1661년에 전남 강진 무위사 목조지장보살좌상(도 20)과 1666년에 전북 군산 불주사 목조아미타여래좌상(도 21),[28] 작가를 알 수 없는 1661년에 제작된 강원 평창 상원사 목조대세지보살좌상(도 22), 연대 미상의 경남 통영 안정사 불상과 충남 공주 신원사 불상에서 볼 수 있는 요소이다(도 23). 하반신에 늘어진 옷자락 처리에서 완주 대원사 불상은 단순하고 평면적인데, 복부에서 늘어진 끝자락은 완만하고, 옆으로 네 가닥이 가지런히 펼쳐져 있다. 왼쪽 무릎에 걸친 소매 자락은 인균印均이나 색난色難이 제작한 불상같이 연판형이지만, 한 쪽 끝단이 나뭇잎처럼 펼쳐져 있다. 약사여래는 소매 자락의 삐침이 강한데, 이는 희장과 보해가 제작한 불상의 특징이다. 아미타불은 소매 자락이 짧게 늘어져 석가와 약사불과 다르다. 따라서 삼세불은 여러 계보의 조각승이 만든 불상의 세부 표현이 일정한 영향을 주었음을 알 수 있다.

대웅전 목조불상에서 가장 특징적인 부분은 승각기 표현이다. 다른 조각승이 제작한 불상은 가슴에 묶은 승각기 상단이 연판형이나 직선으로 처리된 반면, 이 불상들은 오른쪽 끝단이 대각선으로 왼쪽 안으로 접히면서 상단이 완만하게 처리되었다.[29] 이와 같은 표현을 조선후기 불상 가운데 조각승 회감과 그 계보에 속하는 조각승들이 만든 불상에서만 볼 수 있는 요소이다. 특히, 조각승 회감이 제작한 1661년에 강진 무위사 목조지장보살상과 1666년에 군산 불주사 목조아미타여래좌상 등은 엄지와 중

....

28) 崔宣一, 「17세기 중반 조각승 懷鑑의 활동과 불상 연구」, 『17세기 彫刻僧과 佛像 研究』, 재)한국연구원, 2009, pp.103~119.

29) 崔宣一, 위의 논문, p.107.

지 사이에 작은 구슬 하나 또는 둘을 가지고 있다. 따라서 완주 대원사 대웅전은 목조삼세불좌상은 회감이나 그 계보에 속하는 조각승이 1670년 대 제작한 것으로 보인다.

V. 맺음말

이상으로 대원사 대웅전에 봉안된 불상은 1670년을 전후하여 회감의 계보에 속하는 조각승이 제작한 것으로 추정하였다. 전국에 걸쳐 이들이 만든 것으로 생각되는 불상이 남아있어 구체적인 활동 지역을 단정지을 수 없지만, 현존하는 대표적인 불상이 전라도와 충남 지역에 있는 것으로 보아 그들의 활동 무대를 추정할 수 있다.

아직 회감의 생몰연대나 다른 조각승과의 교류관계 등 많은 내용을 명확하게 밝힐 수 없었지만, 막연하게 조선 후기라고 추정하던 대원사 대웅전 목조삼세불좌상의 양식적인 특징을 바탕으로 제작 시기와 조각승을 추정하여 보았다. 또한 공주 신원사 극락전과 명부전 불상, 통영 안정사 목조삼세불좌상 등도 회감의 계보에 속하는 조각승이 제작한 것으로 추정된다. 조각승 회감은 인균과 같이 작업한 불상이 1건 밖에 조사되지 않아 사승관계를 단정할 수 없지만, 왼쪽 무릎을 덮은 소매 자락의 늘어진 표현에서 그 영향 관계를 알 수 있다.

불상에서 발견된 조성발원문과 사찰에 남아있는 문헌기록을 중심으로 회감의 활동을 살펴보면, 조각승 회감은 1633년에 수화승 인균과 김제 귀신사 소조삼신불좌상 제작에 보조화승으로 참여하여 1610년을 전후하여 태어난 것으로 추정된다. 그가 수화승으로 제작한 기년명 불상이 1660년 대에 남아있지만, 1650년대부터 불상을 주도적으로 제작하였을 가능성이 높다. 그가 제작한 불상은 오른쪽 대의자락, 하반신의 대의 표현, 승각기 상단 처리 등이 조선후기 활동한 다른 조각승 계보가 만든 불상과 차이가 있다. 조각승 회감과 같이 활동한 의현, 상민, 상림 등은 아직 수화승으로 활동한 단서를 찾을 수 없지만, 그들은 17세기 후반까지 활동하였을 것이다.

앞으로 전라북도와 충청남도 사찰에 봉안된 불상의 조성발원문이 체계적으로 조사하면, 이들 지역에서 활동한 조각승에 대한 세밀한 접근이 가능할 것이다. 또한 시주자로 언급된 스님이나 여러 계규의 사람들에 대한 연구를 통하여 조선후기 불교미술의 후원세력까지 연구될 수 있기를 기대한다.

참고문헌

도록·보고서

東國大學校博物館·靈光郡, 『靈光 母岳山 佛甲寺 地表調査報告書』, 2001.

『完州 松廣寺 鐘樓 實測調査報告書』, 文化財廳, 2000.12.

『韓國의 佛畫』13 金山寺 本末寺篇, 聖寶文化財研究院, 1999.

『한국의 사찰문화재 – 전라북도·제주도』, 문화재청·대한불교조계종 문화유산발굴조사단, 2003.

『한국의 사찰문화재-경상남도 Ⅰ』, 문화재청·불교문화재연구소, 2019.

논문·저서

文明大, 「松林寺 大雄殿 木 釋迦三尊佛坐像의 연구」, 『講座 美術史』27, 韓國佛敎美術史學會, 2006, pp.5~23; 「松林寺 大雄殿 石 阿彌陀三尊佛坐像의 연구」, 『講座 美術史』27, 韓國佛敎美術史學會, 2006, pp.25~39.

文明大, 「無染派 목불상의 제작과 설악산 新興寺 목아미타삼존불상」, 『고려·조선 불교미술사 연구 ; 三昧와 平淡美』, 예경, 2003, pp.402~416.

박원규·김요정 등, 우리나라 목조불상의 과학적 연대측정과 재질분석- 1차년도 연차보고서, 한국연국연구재단, 2009.

송은석, 「17세기 朝鮮王朝의 彫刻僧과 佛像」, 서울대학교 박사학위논문, 2007, pp.440~441.

沈柱完, 「龍門寺 木佛像의 작풍과 그 영향」 『講座 美術史』26-Ⅰ, 한국불교미술사학회, 2006, pp.139~163.

안귀숙·최선일, 『朝鮮後期 僧匠 人名辭典: 佛敎繪畫』, 양사재, 2008.

이민형, 「17세기 후반의 彫刻僧 端應과 卓密의 불상 연구」, 홍익대학교 석사학위논문, 2010.

崔宣一, 『朝鮮後期僧匠人名辭典 – 佛敎彫塑』, 養士齋, 2007.

_____, 「朝鮮後期 彫刻僧의 활동과 佛像研究」, 홍익대학교 박사학위청구논문, 2006. 8.

_____, 「남양주 흥국사 대웅보전 불상의 제작시기와 조각승 추론」, 『불교미술』

19, 동국대학교박물관, 2008. 1, pp.3~30.

_____, 「17세기 중반 조각승 懷鑑의 활동과 불상 연구」, 『17세기 彫刻僧과 佛像硏究』, 재)한국연구원, 2009, pp.103~119.

_____, 「朝鮮 後期 彫刻僧과 佛像樣式의 변천」, 『美術史學硏究』 제261호, 한국미술사학회, 2009, p.61.

_____, 「康津 玉蓮寺 木造釋迦如來坐像과 腹藏」, 『文化史學』 1, 한국문화사학회, 1994. 6, pp.129~158.

洪思俊, 「鴻山 無量寺 極樂殿 發見 主佛尊 腹藏品」, 『美術資料』 19, 國立中央博物館, 1976, pp.29-31.

완주 대원사 명부전 목조불상의 연구

최선일 문화재청 문화재감정위원

김요정 충북대학교 목재연륜소재은행 상임연구원

한봉석 충북대학교 겸임교수

박원규 前 충북대학교 교수

❖ 이 논문은 2008년 정부(교육과학기술부)의 재원으로 한국연구재단의 지
원을 받아 수행된 연구이다(KRF-2008-314-H00001).

❖ 이 논문은 2013년 11월 19일 충북대학교 목재연륜소재은행에서 개최한
'불교문화와 목재과학에 관한 심포지엄'에서 발표한 논문을 수정·보완
하여 『文化史學』42호(2014. 12)에 게재했던 것이다.

I. 머리말

조선후기에 중창된 사찰 전각에 봉안된 불교조각을 조성하거나 중수·개금에 참여한 승려장인은 천여 명에 이르고 있다.[1] 이 가운데 주도적으로 불상을 제작한 수화승首畫僧은 120여 명 정도이고, 사찰 전각의 중건이 본격적으로 이루어진 17세기부터 18세기 전반까지 활동한 40여 명의 조각승은 활동과 계보 및 불상 양식에 관한 연구가 진행되었다.[2] 이를 바탕으로 제작연대를 알 수 없는 무기년명無紀年銘 불상의 조성 시기와 조각승까지 추정하고 있다. 이와 같은 무기년명 불상의 접근이 가능한 이유는 조선후기에 활동한 조각승마다 불상의 얼굴에서 풍기는 인상, 신체 비례, 착의법 등이 다르기 때문이다.

본고에서 살펴볼 전라북도 완주군 모악산 대원사 명부전 불상은 2010년 5월 사찰 측에서 충북대학교 목재연륜소재은행과 동북아불교미술연구소에 의뢰하여 수종樹種과 연륜분석年輪分析 및 미술사적 접근을 의뢰받아 조사하는 과정 중 도명존자에서 복장물이 발견되었다.[3] 도명존자에서는 한지韓紙에 묵서墨書된 조성발원문造成發願文, 후령통, 불교 경전, 다라니 등의 복장물이 조사되었다. 조성발원문에 의하면 명부전 불상은 1688년에

1) 조선후기 활동한 개별 조각승의 활동에 대해서는 崔宣一, 『朝鮮後期僧匠人名辭典－佛敎彫塑』, 養士齋, 2007을 참조할 만하다.
2) 崔宣一, 「朝鮮 後期 彫刻僧과 佛像樣式의 변천」, 『美術史學研究』 261, 2009. 3, pp.41~75(『조선후기 彫刻僧과 佛像 研究』, 景仁文化社, 2011 재수록).
3) 모악산 대원사 성보문화재에 관한 많은 조언을 해 주신 석문 주지스님께 지면을 통하여 감사드린다.

화원畵員 도잠道岑, 지현智玄, 의영儀暎 등이 제작하였다. 따라서 완주 대원
사 명부전 불상은 17세기 후반 불교조각사 연구에 중요한 편년 자료로,
조각승 도잠이 수화승으로 만든 유일한 기년명 불상이다.

이 불상을 만든 조각승 도잠은 1643년에 수화승 응혜와 대구 달성 용연
사 목조지장보살삼존상과 시왕상을, 수화승 승일과 1651년에 서울 봉은사
대웅전 협시불좌상과 1657년에 전북 무주 북고사 목조아미타여래좌상을,
1659년에 수화승 삼인과 전남 고흥 금탑사 목조지장보살삼존상과 시왕상
을 조성하였다. 또한 도잠은 1674년에 도편수로 경북 청도 용천사 불연佛
輦을 제작한 후, 1688년에 수화승으로 완주 대원사 명부전 목조지장보살
삼존상과 시왕상을 제작하였다.

본고에서는 조각승 도잠道岑이 수화승으로 제작한 완주 대원사 목조지
장보살삼존상의 양식적 특징과 조성발원문에 관하여 구체적으로 검토하
고자 한다. 그리고 명부전 불상의 수종과 연륜 분석을 통해 얻은 결과를
살펴본 후, 조각승 도잠이 제작에 참여한 기년명 불상을 중심으로 그의
스승이나 선후배로 추정되는 조각승을 알아보겠다. 이와 같은 검토를 통
하여 그의 스승이나 선후배로 추정되는 조각승이 만든 기년명 불상과 상
호 비교하여 도잠 계보 불상의 양식적인 특징을 밝혀보고자 한다.

Ⅱ. 완주 대원사 명부전 목조불상과 조성발원문

전북 완주 모악산 중턱에 위치한 대원사는 1597년 정유재란으로 대부
분 건물이 소실되어 1606년에 진묵스님이 중창하였다.[4] 대웅전 측면 아

....

4) 모악산 대원사 연혁과 성보문화재는 『전통의 고장 완주』, 완주군, 1982, pp.161~163;

도 1. 목조지장보살삼존상. 완주 대원사　　　　도 2. 시왕상과 권속. 완주 대원사

래 석축石築에 건립된 명부전冥府殿 내에는 수미단 위에 목조지장보살좌상을 중심으로 좌우에 도명존자와 무독귀왕을(도 1), 그리고 좌우측 벽면을 따라 다섯 대왕과 판관, 사자, 귀왕, 인왕을 배치하였다(도 2). 명부전에 봉안된 불상은 이전까지 조성발원문이 발견되지 않아 조선후기에 제작되었다는 정도만 알려져 있었다.5)

1. 목조지장보살삼존상과 시왕상

목조지장보살좌상은 높이가 90cm, 무릎 폭이 66.5cm인 민머리의 성문비구형이다(도 3). 지장보살은 얼굴을 앞으로 내밀어 구부정한 자세를 취하고 있다. 타원형의 얼굴에 이목구비耳目口鼻는 전형적인 조선후기 보살상을 따르지만, 턱이 약간 뾰족하고, 인중이 다른 불상에 비하여 넓으며, 목 밑으로 삼도三道가 거의 수평으로 처리되어 있다(도 4). 따로 제작된 손

_____

『사찰지』, 전라북도, 1990, pp.193~196;『전통사찰총서8 - 전북의 전통사찰Ⅰ』, 사찰문화연구원, 1997, pp.263~270; 한동수, 「전라북도 완주 모악산 대원사 대웅전 실측조사기」,『성보』6, 대한불교조계종 문화부, 2004. 12, pp.42~58을 참조할 만하다.
5)『한국사찰문화재 - 전라북도/제주도』, 문화재청·대한불교조계종 문화유산발굴조사단, 2003, pp.383~385.

도 3. 목조지장보살좌상   도 4. 목조지장보살좌상 상반신

도 5. 목조지장보살좌상 측면   도 6. 목조지장보살좌상

은 무릎 바로 위에 엄지와 중지를 맞댄 수인을 취하고 있다. 이는 대부분 조선후기에 제작된 지장보살좌상이 오른손을 어깨 높이까지 올리고, 왼손을 가지런히 무릎 위에 놓은 것과 차이가 난다(도 5).6) 바깥에 걸친 두꺼

....

6) 조선후기에 제작된 대표적인 기년명 목조지장보살좌상과 시왕상은 전남 화순 쌍봉사와 경기 안성 칠장사에 봉안되어 있다(최선일, 「全羅南道 和順 雙峰寺 木造地藏菩

운 대의는 오른쪽 어깨에서 대의자
락이 가슴까지 U자형으로 늘어지
고, 두 겹 접힌 대의자락이 팔꿈치
와 복부를 지나 왼쪽 어깨로 넘어가
고(도 6), 반대쪽 대의는 세 겹으로
접혀 수직으로 내려와 결가부좌한
다리 위에 펼쳐져 있다. 하반신을
덮은 대의는 중앙에 한 가닥의 대의
자락이 길게 늘어져 삼각형을 이루
고, 나머지 대의자락은 두 가닥씩
펼쳐져 있다. 특히 하반신의 대의
처리에서 가장 큰 특징은 복부에서
중앙으로 흘러내린 주름의 끝이 넓
게 펼쳐진 점이다(도 7). 또한 대의
안쪽에 입은 승각기 표현은 상단이
세 가닥 앙련형仰蓮形으로 표현되고,

도 7. 목조지장보살좌상 하반신

도 8. 목조도명존자　도 9. 목조무독귀왕

왼쪽 무릎 위에 나뭇잎 모양의 소매 자락이 짧게 늘어져 있다.

　지장보살의 좌측에는 도명존자가 합장을 하고, 우측에는 무독귀왕이
경궤를 두 손으로 받쳐 들고 있다. 도명존자는 높이 120.5cm이며, 무독귀
왕은 높이 131cm의 입상이다. 도명존자는 지장보살과 같은 민머리에 얼
굴은 타원형으로 신체에서 얼굴이 차지하는 비중이 인체비례와 유사하다
(도 8). 넓고 둥근 이마에 얼굴의 이목구비는 지장보살과 유사하다. 옷은
녹색 장삼 위에 붉은색 가사를 왼쪽 어깨에서 대각선으로 걸치고, 어깨

薩坐像과 彫刻僧 雲惠」,『불교미술사학』2, 불교미술사학회, 2004, pp.199~219; 최
선일,「安城 七長寺 木造地藏菩薩坐像과 彫刻僧 金文」,『역사민속학』29, 한국역
사민속학회, 2009. 3, pp.185~208).

도 10. 목조송제대왕

도 11. 목조태산대왕

부분에는 장신구가 표현되었다. 무독귀왕은 문관복文官服을 입고, 중앙에 화문花文이 장식된 원류관을 쓰고 있다(도 9). 얼굴형과 이목구비 표현은 도명존자와 유사한데, 눈썹이 위로 올라가며 콧수염과 턱수염을 표현하였다. 무독귀왕은 문관복 밑으로 치마를 입고, 옷의 가운데에는 광다회廣多繪를 길게 늘어뜨리고 있다. 하얀 천을 두른 손 위에 자물쇠가 달린 붉은색 경궤經櫃를 들고 있다.

도 12. 목조인왕상

도 13. 녹사와 판관

시왕상은 지장보살좌상을 중심으로 홀수 대왕과 짝수 대왕이 번갈아 배치되어 있다. 크기는 135cm 내외로, 옷깃에 화려한 꽃문양이 있는 문관복을 입고 대부분 원류관遠遊冠을 쓰고 있으나(도 10), 한 구만 책관冊冠을 쓰고 있다(도 11).7) 손에는 홀笏이나 경전經典을 들거나 수염을 만지고 있다. 포 밑으로 치마를 입고, 앉은 자세의 무릎 사이에 광다해가 길게 늘어져 있다. 모두 의자에 앉은 자세로 신체에 비하여 얼굴이 매우 강조된 것은 동일하다.

....

7) 조선후기 제작된 시왕상 가운데 冊冠은 대부분 염라대왕이 쓰고 있는데, 완주 대원사 명부전에서는 시왕상이 배치가 바뀌었는지 7번째 태산대왕 자리에 놓여 있다.

입구 한 쪽에 서 있는 인왕상은 사악한 기운을 막으려는 듯한 손을 들어 주먹을 꼭 쥐고 내려칠 듯 자세를 취하고 있다(도 12). 그리고 판관, 귀왕鬼王, 사자, 동자(7점) 등이 남아있다(도 13).

2. 조성발원문

대원사 명부전 불상 가운데 복장물이 온전하게 조사된 깃은 도명존자이다. 도명존자에서는 조성발원문을 비롯하여 후령통, 경전, 주서다라니 등이 발견되었고, 조성발원문의 내용은 다음과 같다(도 14, 도 14-1).[8]

도 14. 조성발원문   도 14-1. 조성발원문 세부

前)

道明什施主朴契龍

後)

造像願文軸

. . . .
8) 조성발원문은 필자가 釋文을, 송광사 성보박물관장 고경스님이 監修해 주셨다.

源夫垂化耶位居地上化現人間長開方

便之門恒濟沉淪之苦隨其善惡賞罰影

從有求皆應無願不從是故造像如麥獲福

無量捨珎財而成功者何罪而不減何福而不成也現

世信心恭敬者何厄而不減何願不邃耶伏願

主上三殿下万歲 〃〃壽万歲法輪常轉於無窮旺

界恒安而不亂亦願各 〃隨喜施主等家內邪崇

永滅一門子孫等災患消除万福雲興次願緣

化比丘等現世壽福增長後世當證佛果亦願幹

善大化士等現增福壽當生剎之願願以此功德普

及於一切我等與衆生皆共成佛道

康熙二十七年戊辰七月晦日十王造像成功畢役也

證明山人	密嚴比丘		緣化秩	
持殿	敏泅比丘	別座	善日比丘	
畵貝	道岑比丘		彥尙比丘	
山中大德	智玄比丘	供養主	元敏比丘	
山人 塔卜比丘	儀暎比丘		性淨比丘	
山人 淳益比丘	戒初比丘	冶匠	金仁男	
山人 印暉比丘	惠雲比丘		戒雲比丘	
	震悅比丘		太海比丘	
	法眼比丘	居士	朴龍鶴	單身
	性日比丘		起云	
			衍業	

施主秩			寺 衆 秩	
地藏大施主	李進男	兩主		
	全明生	兩主		
道明施主	朴契龍	兩主	双玉比丘	
無毒王施主	金勝田	兩主	印攢比丘	
第一王施主	金尙碧	兩主	學信比丘	

第二王施主　　李承守 兩主　　　　宗修比丘

第三王施主　幼學宋大哲單身　　　宗印比丘

第四王施主　　林厚進 兩主　　　　方淳比丘

第五王施主　　全士男 兩主　　　首僧 應性比丘

第六王施主　　洪哲雄 兩主　　　持殿 斗元比丘

第七王施主　　仇仁每 兩主　　　三宝 覺雷比丘

第八王施主　　白有厚 兩主

第九王施主　　鄭乭屎 兩主

第十王施主　　朴命吉 兩主

泰山王施主　　秋順立 兩主

　　　　　　　黃時於應伊 兩主

　　　　　　　林起生 兩主

　　　　　　　流頭金 單身

判官 施主　　　金鶴伊 兩主

　　　　　　　尹起生 兩主

鬼王 施主　　　李還伊 兩主

　　　　　　　李元日 兩主

將軍 施主　　　金态龍 兩主

童子 施主　　　崔南伊 兩主

　　　　　　　徐永白 兩主

使者 施主　　　崔丁世 兩主

　　　　　　　裵四吉 兩主

腹藏施主　　　李元日 兩主

　　　　　　　李善興 兩主

　　　　　　　妙寬　　比丘

　　　　　　　金進泗 兩主

　　　　　　　初○　　比丘

　　　　　　　覺雷　　比丘

　　　　　　　梁盖知 兩主

　　　　　　　趙流於應伊 兩主

鐵物施主	白波廻 兩主
	金善生 兩主
	高日龍 兩主
	禮日 單身
幹善道人大化士	勝益比丘[9]
	勝攢比丘
	學文比丘

위의 발원문을 번역해 보면, 아래와 같다[10]

前) 도명존자와 아울러 시왕상을 조성한 시주 박계룡

後) 조상발원 두루마리

아! 교화를 드리우심이여!

당신의 위치는 땅 위에 머무시고 인간으로 화현하사 길이 방편의 문을
활짝 여시고 언제나 고해에 빠진 중생들을 건지시나이다. 선악을 따라
상을 주고 벌을 내리시매 그림자가 본체를 따름과 같아 구하는 바에
다 응하시고 원하는 바가 죄다 이루어지지 않음이 없으시나이다.

바로 이런 까닭에 상을 조성함에 있어 공경을 다하였으니 복을 얻음이
무량할 것이나이다. 아! 사재를 털어 애쓴 이들이여! 어떤 죄가 멸하지
않을 것이며 어떤 복이 이루어지지 않겠나이까. 또한 오늘날 지극한 신
심으로 공경하는 이들이여! 어떤 횡액이 없어지지 않을 것이며, 또한
어떤 원이 따라오지 않으오리까.

엎드려 원하옵나니, 주상전하를 비롯하여 세 분 전하께서는 만세에 만
세를 더하시고 그리하여 만수무강하시옵소서. 부처님의 법륜은 다함없
이 항상 구르고 국가의 경계는 늘 안온하고 어지럽지 않게 하소서.

또한 원하오니 각기 이번 특별 법회에 동참하여 함께 기뻐하는 시주들은

---

9) 康熙 五十六年 丁酉 七月 日 刻于內院 移積于普賢寺 門人 錦霞 謹書
募幹親弟秩「勝益」覺海」善行」大裕」法慧」戒定」刻工 別訓」淨益(고경스님 敎示)

10) 이 조성발원문의 번역은 경기 광주 우리절 동봉 주지스님이 해 주셨다.

가내의 삿된 기운과 귀신이 내리는 재앙이 영원히 사라지고 일문의 자손들은 재난과 환우가 없어지며 온갖 복이 구름처럼 일어나게 하소서.

다음으로 또 원하옵나니, 인연을 짓고 화주하는 비구들이여! 현세에는 복과 수명이 더욱 늘어나고 다음 생에는 반드시 부처님의 높은 경지를 증득하게 하옵시고, 나아가 다시 또한 원하옵나니, 좋은 마음으로 크게 시주한 불자들은 현세에서는 복과 수명이 늘어나고 나중에는 정토세계에 필히 왕생하게 하소서.

삼가 원하옵나니 이러한 인연 공덕이여!
일체 온갖 세계에 고루 고루 퍼져나가
여기 우리들과 더 나아가 모든 중생들이
모두 함께 위없는 불도를 이루어지이다.

강희 27(무진)년 7월 그믐날 시왕상을 조성하여 공을 이루고 끝내나이다(인명 생략).

조성발원문에 의하면 지장보살삼존상과 시왕상 등은 1688년(康熙27, 戊辰) 7월 그믐날에 화원畵員 도잠, 지현, 의영, 계초, 혜운, 진열, 법안, 성일이 제작하였다(도 6). 당시 조성된 불상의 수량은 알 수 없지만, 현재 명부전 내에는 목조지장보살삼존상, 시왕상 10구, 귀왕 2구, 판관 2구, 사자 2구, 동자 7구, 인왕 2구로 총 28구가 봉안되어 있다.[11] 불상 제작에 증명證明으로 참여한 밀암密巖은 이름 앞에 산인山人으로 언급되어 당시 모악산에 거주한 스님이라는 사실을 알 수 있다. 또한 산중대덕山中大德인 탑변塔卞, 순익淳益, 인휘印暉은 17세기 중반부터 후반까지 모악산을 중심으로 활동한 선승禪僧으로 보인다. 화주로 참여한 승익勝益과 승찬勝攢은 구체적인 활동 기록이 조사되지 않고, 본사질本寺秩에 언급된 쌍옥双玉, 인찬印

....

11) 조선후기 명부전에 봉안된 불상은 지장보살삼존상, 시왕상, 사자상, 녹사상, 판관상, 인왕상(장군상), 동자상이다. 몇 구를 구체적으로 만들었는지 알 수 있는 단서는 1690년에 조각승 충옥이 만든 전남 곡성 도림사 명부전 불상이다.

攢, 학신學信, 종수宗修, 종인宗印, 방순方淳, 수승首僧 응성應性, 지전持殿 즙원汁元, 삼보三宝 각뇌覺雷는 1680년대 모악산 대원사에 거주하던 스님으로, 이 가운데 쌍옥만이 1670년을 전후하여 조성된 대웅전 목조삼세불좌상 조성발원문에 시주자로 언급되어 있다.

불상 조성에 관련된 인물은 총 73명으로, 스님이 33명, 일반인이 40명이다. 스님 가운데 대원사에 소속된 스님은 9명이고, 불상을 제작한 스님은 8명이다. 불상 제작에 필요한 도구와 쇠못을 만든 야장冶匠은 김인남金仁男을 위주로 계운戒雲과 태해太海가 참여하였다. 마지막으로 간선도인幹善道人 대화사大化士 승익勝益은 1719년 내원암에서 각刻하여 보현사에 이운된 경전經典에 언급된 스님으로 무궁승익無窮勝益일 가능성이 매우 높다. 이 불상을 제작한 조각승 도잠, 지현, 의영, 혜운, 진열, 법안, 성일은 기존 활동 내용과 계보가 밝혀진 스님이고, 계초는 18세기 중·후반에 활동한 조각승과 활동 시기가 많이 차이가 나 동명이인同名異人으로 추정된다.

Ⅲ. 명부전 불상의 연륜연대와 수종 분석

연륜연대분석은 명부전에 모셔져있는 지장보살, 도명과 무독, 시왕, 인왕 등 13점에 대해 이루어졌다.

〈표 1〉 대원사 명부전 연륜연대 분석 대상

연번	1	2	3	4	5
불상명	지장보살	무독귀왕	도명존자	진광대왕	송제대왕
연번	6	7	8	9	10
불상명	염라대왕	태산대왕	인왕(향우)	초강대왕	변성대왕
연번	11	12	13		
불상명	사자(향좌)	귀왕(향좌)	인왕(향좌)		

연륜연대분석을 위해 불상으로부터 연륜을 채취하였다. 지장보살과 협시는 밑판을, 시왕상은 의자를, 권속과 인왕은 받침대를 대상으로 하였다 (도 15~도 20).

연륜채취방법은 다음과 같이 진행되었다.

(1) 불상 표면(밑판 또는 의자)을 나이테가 잘 보이도록 정리한다.

(2) 판에 나타나 있는 나이테의 폭을 카메라의 접사촬영으로 연속 측정한다.

(3) 포토샵을 이용한 합성을 통해 실제와 같은 나이테표면을 재현한다.

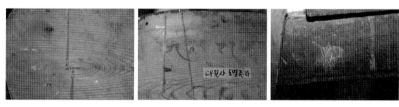

도 15. 지장보살 밑판 나이테   도 16. 도명존자 밑판 나이테   도 17. 초강대왕 의자 나이테

도 18. 사자(향좌) 밑판나이테   도 19. 접사촬영으로 연륜채취   도 20. 촬영 화면

도 21. 연속촬영한 사진

도 22. 실제와 같이 합성된 사진

개체별로 연륜폭을 측정하여 개체연륜연대기를 작성한다(도 21~도 22). 측정한 결과 각 불상의 개체연대기 기간은 다음과 같다.

〈표 2〉 대원사 명부전 연륜연대 분석대상 불상 및 그 개체연대기 기간

불상명	지장보살	무독귀왕	도명존자	진광대왕	송제대왕	염라대왕	태산대왕
연륜수(년)	108	38	107	123	69	122	128
불상명	인왕(향우)	초강대왕	변성대왕	사자(향좌)	귀왕(향좌)	인왕(향좌)	
연륜수(년)	98	119	75	91	84	83	

작성된 개체연대기를 서로 비교하여 상대연대를 부여한다. 연륜의 수가 38개인 무독귀왕을 제외하고는 분석대상 모두가 하나의 연대기로 모아져 동시대로 나타나고 있었다.

〈표 3〉 대원사 지장존속 연대기

(★ 수피가 존재하면서 만재형성이 완료되었음을 표시함)

지장보살	1551		1658
도명존자(협시)	1547		1653
진광대왕	1537		1659
송제대왕		1608	1676
염라대왕	1540		1661
태산대왕	1539		1666
인왕상(향우)	1554		1651
초광대왕	1540		1658
변성대왕	1571		1645
사자(향좌)	1544		1634
귀왕(향좌)		1604	★1687
인왕(향좌)	1553		1635
대원사 지장존속연대기	1537		1687

〈표 4〉 마스터연대기와의 비교값

비교연대기	중첩기간	t 값	G 값	CDI	마지막연륜의 절대연도
황간	151년	7.7	68	279	1687년

명부전에 있는 지장보살, 도명과 무독, 시왕, 인왕들이 모두 동시대로 나타나고 있었으며 151년간의 연륜연대기가 작성되었다. 그 마지막 연륜에는 1687년의 절대연대가 부여되었다. 불상 대부분이 치목되어 수피부를 가지고 있지 않았으나 귀왕(향좌)이 수피부를 포함하고 있어 정확한 벌채연도를 제공하고 있었다. 즉, 1687년의 만재가 완성되어 1687년 늦가을에서 1688년 봄 사이에 벌채되어 사용되었음을 알 수 있다. 여기에서 제외된 무독귀왕은 연대기 기간이 짧아 상대연대 또는 절대연대를 알 수 없었다.

수종조사는 명부전 내의 불상전수를 대상으로 실시되었으나 칠이 완벽하게 되어 제한적으로 이루어졌다. 본체에 대한 수종조사는 복장구를 열거나 수인을 분리할 수 있을 때 몸체 안을 살펴 매달려 있는 목재소편에

<表 5> 불상의 부위별 수종분석 결과*

연번	불상명	부위	수종
1	지장보살	몸체	은행나무
		손	버드나무
		밑판	소나무
2	무독귀왕	몸체	은행나무
		받침대	소나무류
3	도명존자	몸체	은행나무
		받침대	소나무류
4	진광대왕 의자		소나무류
5	송제대왕 의자		소나무류
6	염라대왕 의자		소나무류
7	태산대왕	몸체	은행나무
		의자	소나무류
8	인왕(향우) 받침대		소나무류
9	초강대왕 의자		소나무류
10	변성대왕 의자		소나무류
11	도시대왕 몸체		소나무류
12	판관(향우) 몸체		소나무류
13	사자(향우) 몸체		소나무류
14	귀왕(향우) 몸체		소나무류
15	사자(향좌)	몸체	소나무류
		받침대	소나무류
16	귀왕(향좌) 받침대		소나무류
17	인왕(향좌) 받침대		소나무류

대해 실시되었으며, 그 밖의 받침대나 의자에서는 칠이 없는 부분에서 각 단면에 대한 박편(두께 20㎛)을 직접 채취하였다. 그 결과 수종분석은 17점에 대해서만 이루어졌고 이중 본체에 대한 조사는 9점만 가능하였다.

방법은 불상의 내부 쪽으로 매달려있는 소편(3mm이내)을 취하여 면도날로 삼단면(횡단면, 방사단면, 접선단면)에 대한 박편(두께 20-30㎛)을 만든다. 글

리세린으로 봉입하여 임시프레파라트를 제작한 뒤, 광학현미경(니콘 80i)으로 목재조직의 특징을 관찰하였다. 그 결과 불상을 이루고 있는 목재의 수종은 은행나무, 소나무, 버드나무 등으로 밝혀졌다.

좌상인 지장보살의 경우; 몸체는 은행나무, 손은 버드나무, 밑판은 소나무로 나타나고 있어 부위의 특성에 맞추어 수종을 선택한 것으로 보인다. 협시인 무독귀왕과 도명존자의 몸체는 은행나무, 받침대는 소나무였다.

시왕은 전수조사를 실시할 수 없어 최대한 가능부분을 조사하였다. 몸체를 조사할 수 있는 시왕은 태산대왕과 도시대왕이었는데 각각 은행나무, 소나무로 나타났다. 다른 시왕은 의자만 조사하였는데 의자는 모두 소나무였다. 그 외 입상인 권속은 몸체가 소나무였다.

위의 결과를 종합해 보면 삼존불의 몸체는 은행나무, 시왕의 몸체는 은행나무 또는 소나무, 권속의 몸체는 소나무였고, 밑판이나 받침대, 의자 등은 모두 소나무로 일관성 있게 나타나고 있다.

Ⅳ. 조각승 도잠의 활동과 계보 및 불상 양식

현재 조각승 도잠이 수화승으로 제작한 작품은 1674년에 경북 청도 용천사 불연佛輦과 1688년에 완주 대원사 명부전 불상 밖에 조사되지 않았다. 그리고 도잠과 같이 대원사 명부전 불상을 제작한 조각승 지현은 1678년에 경남 남해 용문사와 1688년에 경북 상주 북장사 명부전 목조지장보살삼존상과 시왕상을 주도적으로 제작하였다.

1. 조각승 도잠의 활동

조각승 도잠의 생애와 승장僧匠이 된 배경에 대한 기록은 전하지 않지만, 그가 활동한 문헌기록을 통하여 활동 시기와 내용 등에 대한 접근이 가능하다. 조각승 도잠과 관련하여 조사된 문헌기록은 불상에서 발견된 조성발원문과 목공예품의 묵서 등이다(표 1).[12)]

〈표 6〉 도잠 관련 문헌기록

연대	지역	봉안사찰	작업 내용	조각승	비고
1643	대구 달성	용연사 명부전	목조지장보살삼존상과 시왕상 조성	畵員 應慧 熙莊 善弘 處英 雙修 唯悶 戒贊 道岑 四龍 命弘	造成發願文
1651	서울	봉은사 대웅전	목조여래좌상(협시불) 조성	畵員 勝一 離一 衛儀 性照 道岑 雷日 明訥 三應 楚彦 戒哲	造成發願文
1657	전북 무주	북고사	목조아미타불좌상 조성	畵員 勝一 處英 道岑	造成發願文
1659	전남 고흥	금탑사	목조지장보살삼존상과 시왕상 조성	畵工 三忍 妙寬 楚安 何勒 若六 德敏 未讚 道岑 道軒	造成發願文
1674	경북 청도	용천사	불연佛輦 조성	畵員 道岑 楚英	墨書
1688	전북 완주	대원사	목조지장보살삼존상과 시왕상 조성	畵員 道岑 智玄 儀暎 戒初 惠雲 震悅 法眼 性日	造成發願文

아직까지 조각승 도잠이 언제 어디서 출생하였는지 알 수 있는 기록은 없다. 단지 그가 수화승으로 활동하기 이전인 1643년에 대구 달성 용연사 명부전 목조지장삼존상과 시왕상 제작에 참여하였다. 용연사 명부전에 봉안된 도시대왕에서 발견된 조성발원문에는 "崇禎十六年歲次癸未三月爲 始琵瑟山龍淵寺冥府十王新造像 … 畵員 應慧 熙莊 善弘 處英 雙修 唯悶 戒

· · · · · · · · · · · · · · · ·

12) 이들 승려에 관해서는 崔宣一, 『朝鮮後期僧匠人名辭典 - 佛教彫塑』, 養士齋, 2007 과 安貴淑·崔宣一, 『朝鮮後期僧匠人名辭典 - 佛教繪畵』, 養士齋, 2008에 구체적으로 인용한 참고 문헌을 적어놓았다.

도 12. 응혜, 목조지장보살좌상,　도 13. 승일, 목조여래좌상,　도 15. 삼인, 목조지장보살좌상,
1643년, 달성 용연사　　　　1651년, 서울 봉은사　　　　1659년, 고흥 금탑사

贊 道岑 四龍 命弘"으로 적혀 있어
1643년에 비슬산 용연사 명부전
불상을 응혜, 희장, 선홍, 처영, 쌍
수, 유경, 계찬, 도잠, 사용, 명홍
이 제작하였음을 알 수 있다.[13]
이 불상 제작에 도잠은 10명 가운
데 7번째 언급된 것으로 보아 불

도 16. 불연 묵서, 1674년, 청도 용천사

상 제작에서 그가 차지하는 비중이 크지 않았음을 알 수 있다. 이후 도잠
은 1651년에 승일과 서울 강남 봉은사 대웅전 목조아미타불좌상과 목조
약사여래좌상을 조성하였다. 아미타불상에서 발견된 조성발원문에는 "順
治八年辛卯七月十九日畢功朝鮮國京畿左道廣州府地西面修道山奉恩寺極樂教
主阿彌陀佛奉安于大雄寶殿 … 畵員 勝一 離一 衛儀 性照 道岑 雷日 明訥 三
應 楚彦 戒哲"으로 언급되어 승일을 포함한 조각승 9명 가운데 5번째로
언급되었다. 따라서 조각승 도잠은 1640년대에서 50년대 전반까지 불상

. . . .
13) 동북아불교미술연구소에 소장된 조성발원문 복사본을 참조하였다.

제작을 주도할 정도의 상황이 아니었음을 알 수 있다. 그러나 도잠이 보조화승으로 참여한 불상 제작에 주도적인 역할을 한 조각승 승일과 응혜는 17세기 중반을 대표하는 조각승으로, 전국 사찰에 그들이 만든 불상들이 남아있다.

도잠은 1657년에 전북 무주 북고사 목조아미타불좌상을 화원畵員 승일勝一, 처영處英과 같이 만드는데, 총 3명이 불상을 하나 만들었다는 것은 눈여겨 볼 부분이다. 왜냐하면 불상을 만들 때는 몇 가지 공정을 거쳐야 하는데, 이들 작업 관해서는 1458년에 제작된 법천사法泉寺 목조아미타불좌상(경북 영주 흑석사 봉안)에서 발견된 발원문에는 "畵員 李重善 李興孫 付金韓信 金箔李松山 漆舍牛□莫同 刻手黃小奉 磨造金弓同 小木梁日峯"으로 기록되어 있다.14) 따라서 불사에 참여한 작가 3명이 이들 작업을 수행할 역량이 있었음을 알 수 있다. 또한 그는 1659년에 수화승 삼인三忍과 전남 고흥 금탑사 목조지장보살삼존상과 시왕상을 제작할 때, 아홉 명 가운데 8번째 언급되었고,15) 1674년 경북 청도 용천사 불연佛輦을 주도적으로 조성하였다. 불연의 바닥에 묵서된 내용은 "康熙拾四年甲寅五月二十日造成畢 本寺秩 剋熏 大圭 沖彦 海天 學融 學寶 學倫 尙倫 … 緣化秩 畵員 道岑 楚英 …"이 적혀 있다.16) 따라서 1670년대 수화승으로 불상과 공예품을 주도적으로 만든 것으로 볼 수 있다.17) 그리고 이번에 공개되는 1688년에 전북 완주 대원사 목조지장보살삼존상과 시왕상을 수화승으로

· · · · · · · · · · · · · · · · · · · ·

14) 崔素林, 「黑石寺 木造阿彌陀佛坐像 硏究」, 『강좌 미술사』 15, 한국미술사연구소, 2000, pp.81~83 참조.
15) 이 불상에서 발견된 조성발원문은 송광사 성보박물관 고경 관장스님이 제공해 주셨다.
16) 『한국의 사찰문화재 -경북Ⅱ 자료집』, 문화재청·(재) 대한불교조계종 문화유산발굴조사단, 2007, p.284.
17) 경북 청도 용천사 佛輦 바닥 墨書는 "康熙拾四年甲寅五月二十日造成畢」本寺秩」剋熏」大圭」沖彦」海天」學融」學寶」學倫」尙倫 … 緣化秩」畵員 道岑」楚英 …" 이다(『한국의 사찰문화재-경북Ⅱ 자료집』, p.284 재인용).

작업을 하였다.[18]

이제까지 밝혀진 도잠의 활동 시기는 1643년부터 1688년까지이다. 도
잠이 1670년대 수화승으로 활동한 것으로 보면, 그는 1620년대 태어나
1640-60년대 보조화승으로 불상 제작에 참여하였을 것이다. 그가 1670년
대 경북 청도와 전북 완주에서 불교조각과 공예품을 만든 것을 보면 1660
년대 수화승首畵僧과 차화승次畵僧으로 불상 제작에 참여한 단서가 나올
가능성이 높다.

2. 조각승 도잠의 계보

이제까지 도잠과 그 계보에 속하는 조각승이 불상을 제작한 문헌기록
을 종합해 보면, 그들의 활동 시기와 사승 관계 등을 정확하게 파악할 수
있다. 도잠과 사제지간師弟之間인 조각승을 밝힐 수 있는 문헌기록은 조성
발원문 15건과 사적기 기록 1건이 있다(<참고자료1>). 그 가운데 1688년에
수화승 도잠과 완주 대원사 목조지장보살삼존상과 시왕상을 조성한 조각
승의 활동을 정리하면 다음과 같다.

〈표 7〉 수화승 도잠과 같이 활동한 조각승

연대	지역	봉안사찰	작업 내용	조각승	비고
1648	전남 여수	흥국사 무진전	목조지장보살삼존상과 시왕상 조성	畵員 印均 尙儀 慈敬 靈侃 智玄 善河 淳玉 淳一 淸學 明淡 德軒 頂峯	
1657	경북 칠곡	송림사 대웅전	목조삼세불좌상 조성	畵員 道雨 雙照 信冏 性明 惠瑞 敬信 性根 雪祐 宗信 靈澤 肯聖 道哲 海淳 學梅 印宗 戒能 智玄 惠淨	
1664	전남 고흥	능가사 능인전	목조지장보살삼존상과 시왕상 조성	大畵士主 鹿苑 智玄 慧定 雪嚴 思忍 依玉 印宗 玄一 道云 處眼 覺印	* 의옥은 회옥일 가능성 있음

••••••••••••••••••

18) 현판 「대적사중수기」에는 시주자 중에 道岑이 언급되어 있지만, 제작 시기를 알 수
있는 단서가 적혀있지 않다.

				義英 智惠 一性 唯敬 행자 唯日	
1675	전남 고흥	능가사	목조석가불좌상 발견 造成發願文	金魚 雲慧 勝鈞 敬琳 坦旭 幸瓊 道敏 德彥 妙謙 處元 文淨 惠雲 楚明 敏哲 靈運 太浩 有聲 敏勛	
1677	충남 공주	마곡사	목조지장보살삼존상 조성	畵員 性日 元學 □□ 森□ 懷衍 坦 □ □淳 □丞 法濪	
1678	경남 남해	용문사	목조지장보살삼존상과 시왕상 조성	畵員 智玄 宝海 雪坦 神學 儀英 楚行 靜獜 覺明 敬譓 坦英 敏英 勝還 儀堅 信惠 印戒	
1678	전남 강진	백련사	목조아미타삼존불좌상 조성	畵員 敬琳 坦旭 道敏 處元 三眼 性日 萬江	목포 달성사 봉안
1680	전남 곡성	도림사	목조보살좌상 조성	畵員 雲惠 敬琳 坦勗 道敏 三眼 楚明 性日	
1681	경남 창원	성주사 지장전	석조지장보살좌상과 시왕상 조성	畵員 勝湖 尙倫 學淨 卓文 天潭 宝藏 呂岑 竺令 禪俊 法眼 處屹 守衍 處行 儀淨 法宗 敏俗 天龍 海發	
1688	전북 완주	대원사	목조지장보살삼존상과 시왕상 조성	畵員 道岑 智友 儀暎 戒初 惠雲 震悅 法眼 性日	造成發願文
1688	경북 상주	북장사 명부전	목조지장보살삼존상과 시왕상 조성	畵員 智玄 性澄 儀英 處淨 三性 明彥 震悅 法眼 信玉	
1695	서령	소요산 백련사	목조가섭·아난과 16나한상 조성	畵員 性沈 体遠 敏性 性印 震悅 敬修 信玉 熙玉	
1706	전남 곡성	서산사	목조관음보살좌상 조성	畵員 進悅 太元	『谷城郡의 佛教遺蹟』
1711	경남 함양	사리암	목조아미타불좌상 조성	畵員 進悅 靈熙 太應 太元 守英	『한국의 사찰문화 재 - 경남Ⅰ 자료집』70쪽
1713	경기 고양	노적암	목조아미타삼존불좌상 조성	畵員 進悅 靈熙 太元 處林	대좌 묵서
			목조여래좌상 중수	淸徽	서출 천축사 봉안
1718	경남 양산	통도사	사천왕상 조성	進悅	연합신문
1719	전남 목포	달성사	목조지장보살상과 시왕상 중수	畵員 進悅 太元 玉楚 守英 道眼 熙遠 淸輝 就詳	成春慶,『達成寺 木造地藏菩薩 및 阿彌陀三尊佛』
1722	부산	범어사	목조비로자나불삼존상 중수도 금과 목조관음보살좌상 조성	畵員 進悅 寬性 玉聰 淸愚 淸徽	『梵魚寺聖寶博 物館 名品圖錄』
1722	경남 밀양	여여 정사	목조관음보살좌상 조성	良工 進悅 淸愚 淸輝 貫性 玉聰	『한국의 사찰문화 재 - 부산·울산· 경남Ⅱ 자료집』

위에 표 7)를 개별 조각승별로 나누어 활동 상황을 정리하면 표 8)과
같다.

<표 8> 도잠과 공동 작업한 조각승

僧名	活動年代	活動 事項
智玄	-1648-1688-	- 1648년 전남 여수 흥국사 무진전 목조지장보살삼존상과 시왕상 조성(수화승 印均) - 1657년 경북 칠곡 송림사 대웅전 목조삼세불좌상 조성(수화승 道雨) - 1664년 전남 고흥 능가사 능인전 목조지장보살삼존상과 시왕상 조성(수화승 鹿苑) - 1678년 경남 남해 용문사 목조지장보살삼존상과 시왕상 조성(수화승) - 1688년 전북 완주 대원사 목조지장보살삼존성과 시왕상 조성(수화승 道岑) - 1688년 경북 상주 북장사 명부전 목조지장보살삼존상과 시왕상 조성(수화승)
義英 儀暎 儀英	-1664-1688-	- 1664년 전남 고흥 능가사 능인전 목조지장보살삼존상과 시왕상 조성(수화승 鹿苑) - 1678년 경남 남해 용문사 목조지장보살삼존상과 시왕상 조성(수화승 智玄) - 1688년 전북 완주 대원사 목조지장보살삼존상과 시왕상 조성(수화승 道岑) - 1688년 경북 상주 북장사 명부전 목조지장보살삼존상과 시왕상 조성(수화승 智玄)
戒初	-1688-	- 1688년 전북 완주 대원사 목조지장보살삼존상과 시왕상 조성(수화승 道岑)
惠雲	-1675-1688-	- 1675년 불상 조성(고흥 능가사 불상 발견 발원문, 수화승) - 1688년 전북 완주 대원사 목조지장보살삼존상과 시왕상 조성(수화승 道岑)
震悅 進悅	-1688-1722-	- 1688년 전북 완주 대원사 목조지장보살삼존상과 시왕상 조성(수화승 道岑) - 1688년 경북 상주 북장사 명부전 목조지장보살삼존상과 시왕상 조성(수화승 智玄) - 1695년 서령 소요산 백련사 목조가섭·아난과 나한상 조성(수화승 性沈) - 1706년 전남 곡성 서산사 목조관음보살좌상 조성(수화승) - 1711년 경남 함양 사리암 인법당 목조아미타불좌상 조성(수화승) - 1713년 경기 고양 노적암 목조아미타삼존불좌상 조성(수화승) - 1718년 경남 양산 통도사 사천왕상 조성(수화승) - 1719년 전남 목포 달성사 목조지장보살상과 시왕상 중수(수화승) - 1722년 부산 범어사 비로전 목조비로자나불삼존상 중수도금과 관음전 목조관음보살좌상 조성(수화승) - 1722년 경남 밀양 여여정사 관음전 목조관음보살좌상 조성(수화승)
法眼	-1681-1688-	- 1681년 경남 창원 성주사 지장전 석조지장보살좌상과 시왕상 조성(수화승 勝湖) - 1688년 경북 상주 북장사 명부전 목조지장보살삼존상과 시왕상 조성(수화승 智玄)
性日 性一	-1677-1688-	- 1677년 충남 공주 마곡사 목조지장보살좌상 조성(수화승) - 1678년 전남 강진 백련사 목조아미타삼존불좌상 조성(목포 달성사 소장, 수화승 敬琳) - 1680년 전남 곡성 도림사 목조보살좌상 조성(수화승 雲惠) - 1688년 전북 완주 대원사 목조지장보살삼존상과 시왕상 조성(수화승 道岑)

17세기 중반에 활동한 도잠을 이해하는데 가장 중요한 기년명 불상은
1688년에 제작된 완주 대원사 목조지장보살삼존상과 시왕상이다. 이 불상
은 화원畵員 도잠道岑, 지현智玄, 의영儀暎, 계초戒初, 혜운惠雲, 진열震悅, 법

안법안眼, 성일性日이 제작하였다.

이 불상 제작에 참여한 조각승 8명 가운데 계초戒初를 제외하고 다른 조각승들은 불상을 만든 기록이 남아있다. 특히, 지현은 1648년에 수화승 인균과 전남 여주 홍국사 무진전 목조지장보살삼존상과 시왕상을 제작하였다. 1657년에 수화승 도우道雨와 경북 칠곡 송림사 대웅전 목조삼세불좌상을, 1664년에 수화승 녹원鹿苑과 전남 고흥 능가사 능인전 목조지장보살삼존상과 시왕상을 조성하였다. 그는 수화승으로 1678년에 경남 남해 용문사와 1688년에 경북 상주 북장사 목조지장보살삼존상과 시왕상을 만들고 있다. 그 해에 조각승 도겸과 1688년 7월 그믐날[晦日]에 명부전 불상을 제작하였다. 지현은 17세기 후반을 대표하는 조각승으로 그가 만든 불상은 양식적으로 희장과 보해가 만든 불상과 친연성이 있지만, 아직까지 같이 작업한 불상은 조사되지 않았다.

조각승 의영義英(儀暎, 儀英)은 수화승 녹원鹿苑과 1664년에 전남 고흥 능가사 능인전 목조지장보살삼존상과 시왕상을 조성한 후, 조각승 지현智玄과 1678년에 경남 남해 용문사과 1688년에 경북 상주 북장사 명부전 목조지장보살삼존상과 시왕상을 조성하였다. 그리고 1688년에 수화승 도잠道岑에 전북 완주 대원사 목조지장보살삼존상과 시왕상을 만들었다. 그가 수화승으로 제작한 불상이 아직 조사되지 않았지만 수화승으로 제작한 불상이 발견될 가능성이 매우 높다.

조각승 진열進悅은 18세기를 전반을 대표하는 조각승으로,[19] 이번에 전북 완주 대원사 목조지장보살삼존상과 시왕상이 조사되면서 진열의 계보와 불상 양식을 이해할 수 있게 되었다. 이제까지 조각승 진열이 불상 제작에 참여한 기년명 불상은 1688년에 수화승 지현과 경북 상주 북장사

. . . .

19) 최선일, 「고양 상운사 <목조아미타삼존불좌상>과 조각승 進悅」, 『美術史學研究』 244, 2004. 12, pp.171~197.

명부전 목조지장보살삼존상과 시왕상을 조성하였다. 1695년에 수화승 성심性沈과 서령 소요산 백련사 목조가섭·아난과 나한상을 만들었다. 그는 수화승으로 1706년에 전남 곡성 서산사 목조관음보살좌상을, 1711년에 경남 함양 사리암 인법당 목조아미타불좌상을, 1713년에 경기 고양 노적암 목조아미타삼존불좌상을, 1718년에 경남 양산 통도사 사천왕상을 조성하였다. 그는 1719년에 전남 목포 달성사 목조지장보살상과 시왕상을 중수하고, 1722년에 부산 범어사 비로전 목조비로자나불삼존상 중수·도금과 관음전 목조관음보살좌상을 조성하였으며, 같은 해 경남 밀양 여여정사 관음전 목조관음보살좌상을 만들었다.

조각승 성일은 1677년에 수화승으로 충남 공주 마곡사 목조지장보살좌상을, 1678년에 수화승 경림敬琳과 전남 강진 백련사 목조아미타삼존불좌상(목포 달성사 소장)을, 1680년에 수화승 운혜雲惠와 전남 곡성 도림사 목조보살좌상을,[20] 1688년에 수화승 도잠道岑과 전북 완주 대원사 목조지장보살삼존상과 시왕상을 제작하였다. 따라서 그는 1670년대 수화승으로 활동한 것을 보면, 1650년대 보조화승으로 활동하였을 가능성이 매우 높다. 1740년 경북 김천 직지사 불상을 수화승으로 제작한 성일은 활동연대가 달라 동명이인同名異人으로 볼 수밖에 없다.

3. 조각승 도잠 계보의 불상 연구

17세기 중·후반에 작성된 문헌자료를 중심으로 도잠과 그 계보 조각승에 대하여 살펴보았다. 조각승 도잠 계보의 조각승으로 활동한 조각승은 대략 10여 명에 이른다. 그 가운데 수화승으로 활동한 조각승이 만든 기년명 불상을 중심으로 작가별 불상 양식과 변천과정을 밝혀보고자 한다.

---

[20] 『谷城郡의 佛敎遺蹟』, 國立光州博物館, 2003, pp.87~100.

도잠 계보 조각승 중에 수화승으로 불상을 제작한 스님은 도우, 녹원, 지현, 성일, 진열이다. 이들이 수화승으로 만든 불상은 신체비례, 인상, 착의법 등이 차이가 난다.

대원사 명부전 목조지장보살좌상의 높이와 무릎 폭의 비례는 1:0.73이다. 17세기 중·후반에 활동한 도잠이 불상 제작에 참여한 불상들은 대부분 1:0.69-0.80 사이에 놓여 있다.

<표 9> 조각승 도잠 참여 불상의 신체비례

연대	지역	봉안사찰	불상 이름	高	膝幅	비례
1643	대구 달성	용연사 명부전	목조지장보살좌상	94	65	1 : 0.69
1651	서울 강남	봉은사 대웅전	목조여래좌상	117	83.4	1 : 0.71
				115	81.3	1 : 0.70
1657	전북 무주	북고사 극락전	목조아미타불좌상	70	56	1 : 0.80
1659	전남 고흥	금탑사 명부전	목조지장보살좌상	112.5	76	1 : 0.67
1688	전북 완주	대원사 명부전	목조지장보살좌상	90	66.5	1 : 0.73

* 『한국의 사찰문화재』 참조

17세기 전반부터 18세기 후반까지 대표적인 조각승이 제작한 불상의 신체비례는 높이와 무릎 너비가 대략 1:0.62~1:0.79 사이에 놓여 있다.[21] 이 가운데 1650년대 제작된 불상은 신체비례가 1:0.62~0.68 사이에 놓여 있고, 이런 수치는 17세기 후반의 운혜雲慧와 색난色難, 18세기 전반의 진열進悅과 하천夏天 등이 제작한 불상에서도 그대로 따르고 있다. 따라서 17세기에 제작된 불상이 18세기 후반 계초戒初와 봉현奉絃의 불상은 스승인 상정尙淨의 불상보다 신체에 비하여 무릎 너비가 넓어 전체적으로 낮고 옆으로 퍼진 느낌을 주고 있다. 이러한 시기별 차이는 신체에서 얼굴이 차지하는 비중에서도 그대로 반영되었다.

. . . .

21) 최선일, 앞의 논문(2009. 3), pp.41~75.

도잠이 제작한 목조지장보살좌상은 오른쪽 어깨에서 가슴까지 길게 늘어진 U자형의 옷자락이 17세기 중반부터 나타나기 시작하여 17세기 후반까지 유행한 표현이다. 특히, 희장과 그 계보에 속하는 조각승들의 작품에서 볼 수 있는데, 17세기 중반에 활동한 희장은 1649년에 경북 구미 수다사, 1653년에 전남 고흥 능가사(고흥 불대사), 1661년에 부산 범어사 목조여래좌상을 제작하였다. 그러나 17세기 후반의 색난이 제작한 불상에서는 옷자락이 초생달형을 이루고 있어 차이를 보인다. 그리고 불상의 결가부좌한 하반신을 덮은 옷자락의 가운데 늘어진 옷주름이 넓게 펼쳐지는 형태는 희장과 보해가 제작한 불상에서 볼 수 있는 특징이다. 조각승 보해는 수화승으로 1680년에 전남 고흥 송광암 목조여래좌상을 제작하였다.[22] 최근 보해가 1678년에 수화승 지현智玄과 경남 남해 용문사 명부전 목조지장보살좌상과 시왕상을 부화승으로 제작하였음이 밝혀졌다. 수화승으로 참여한 지현은 1648년에 수화승 인균印均과 전남 여수 흥국사 무사전 목조지장보살좌상과 시왕상을, 1657년에 수화승 도우와 경북 칠곡 송림사 대웅전 목조삼존불좌상을, 1688년에 수화승으로 경북 상주 북장사 목조지장보살좌상과 시왕상을 제작하였다. 지현과 보해가 수화승으로 제작한 불상은 얼굴의 인상이 많은 차이를 가지는데, 1678년 남해 용문사 불상은 보해가 1680년에 제작한 송광암 불상과 더 유사성이 있다. 따라서 도잠이 만든 대원사 목조지장보살좌상은 얼굴에서 풍기는 인상이 기존 희장과 보해가 제작한 불상과 다르지만, 착의법은 거의 유사하다. 또한 도명존자는 오른손을 어깨 높이까지 들어 석장을 들고 있는 자세를 취하는데, 지현이 1688년 제작된 상주 북장사 도명존자와 같은 자세를 하고,

22) 조각승 熙藏과 寶海에 관해서는 최선일, 「朝鮮後期 彫刻僧의 활동과 佛像 研究」, 홍익대학교 대학교 박사학위청구논문, 2006. 6, pp.91~95; 宋殷碩, 「朝鮮後期 17世紀 彫刻僧 熙藏과 熙藏派의 造像」, 『泰東古典研究 22, 한림대학교 태동고전연구소, 2006, pp.189~229.

대각선으로 걸친 장삼과 장삼을 묶은 금구장식 등의 표현되었고, 양 다리 사이에 수직으로 늘어진 광다해 형태는 다른 조각승이 제작한 도명존자와 차이가 있다.

V. 맺음말

이상으로 17세기 중반부터 후반까지 활동한 조각승 도잠에 대하여 살펴보았다. 아직까지 얻을 수 있는 자료의 한계로 인하여 도잠의 생몰연대 生沒年代나 불상 양식 등 많은 문제점을 명확하게 밝힐 수 없었지만, 이제까지 막연하게 조선후기로 추정되던 무기년명無紀年銘 불상 가운데 도잠이 제작한 것으로 추정되는 불상에 대하여 살펴보았다.

발원문과 사적기를 중심으로 살펴본 도잠의 생애는 1620년을 전후하여 태어나 1650년부터 1660년대까지 보조화승으로 불상을 제작하였다. 그는 1670년대 용천사 불연의 제작이나 1688년 완주 대원사 목조지장보살삼존상과 시왕상 등을 수화승으로 제작한 것으로 보아 50대부터 불상이나 공예품 제작을 주도한 것으로 보인다. 특히, 그는 용천사 불연을 초영하고 둘이서 작업을 한 것으로 보아 목조각을 주로 하던 작가임을 알 수 있다.

아직까지 도잠이 보해와 불상을 제작한 작품이 발견되지 않았지만, 승일, 응혜, 희장 등의 조각승과 불상을 제작한 것으로 보면, 그가 조각승 승일의 계보에 속하는 작가임을 알 수 있다. 특히, 희장과 보해가 도잠과 불상을 같이 제작한 지현이 북장사 명부전 불상을 제작한 것으로 보아 앞으로 보해와 같이 활동한 기년명 불상이 새롭게 밝혀질 수 있다고 생각된다. 이는 도잠이 만든 불상이 보해가 만든 불상과 양식적으로 동일하기 때문이다. 대원사 명부전 불상은 오른쪽 어깨에 늘어진 U자형의 대의자락이나 결가부좌한 하반신 중앙에 길게 늘어진 옷자락이 점차 펼쳐지는 형태 등이 17세기 중반에 활동한 희장의 작품에서 볼 수 있는 요소이다. 그러나 희장이나 보해가 만든 불상의 얼굴 인상이나 대의 처리가 같지 않고, 부분적으로 단순화되고 과정된 대의처리 등에서 17세기 후반에 제작된 것으로 추정된다. 그리고 시왕상은 17세기에 전형적인 시왕상의 형태를 따르고 있지만, 착의법 등이 다른 계보의 조각승 색난이나 운해 등과 같지 않고, 1678년 지현과 보해가 제작한 남해 용문사 지장보살좌상과 시왕상 등과 양식적으로 유사하다. 소조동자상은 재료와 조각수법도 달라 지장보살 등과 다른 시기에 제작한 것으로 보인다. 또한 도잠이 활동한 시기에 색난과 일기, 단응과 탁밀, 금문과 마일 등이 만든 불상과 양식적으로 차이가 많아 17세기 후반은 불교 조각사의 전성기로 전국을 무대로 활동한 조각승들이 다수였음을 알 수 있다.

따라서 17세기 후반에 활동한 다양한 조각승 계보에서 도잠과 그 계보에 속하는 조각승들이 만든 기년명 불상이 체계적으로 조사가 되면 도잠의 계보에 의하여 제작된 불상으로 추정되는 많은 무기년명 불상의 구체적인 작가를 명확하게 밝힐 수 있다. 또한 거주 지역과 사찰에 대한 체계적인 연구를 통하여 같은 지역에서 활동했던 다른 조각승 집단 간의 관련성까지 이해할 수 있을 것으로 기대된다.

〈참고자료 1〉 1688년 대원사 명부전 불상 조성 관련 인물

이름		소임과 역할	신분	비 고
각뇌	覺雷	三寶와 腹藏施主	比丘	
계운	戒雲	金仁男과 冶匠 참여	比丘	
계초	戒初	道岑과 畵員 참여	比丘	
고일룡	高日龍	白波廻과 鐵物施主		
구인매	仇仁每	第七 施主		
기운	起云			
김말룡	金㐒龍	將軍 施主		
김사남	金士男	第五 施主		
김상벽	金尙碧	第一 施主		
김선생	金善生	白波廻과 鐵物施主		
김승전	金勝田	無毒鬼王		
김인남	金仁男	冶匠		
김진형	金進泂			
김학이	金鶴伊	判官 施主		
도잠	道岑	畵員(首畵僧)	比丘	
두원	斗元	持殿	比丘	
류두금	流頭金	秋順立과 泰山王 施主		
묘관	妙寬	腹藏施主	比丘	
민경	敏泂	持殿	比丘	
밀엄	密嚴	證明 山人	比丘	
박계룡	朴契龍	道明施主		
박명길	朴命吉	第十 施主		
박용학	朴龍鶴		居士	
방순	方淳	寺中秩	比丘	
배사길	裵四吉	崔丁世와 使者 施主		
백유후	白有厚	第八 施主		
백파회	白波廻	鐵物施主		
법안	法眼	道岑과 畵員 참여	比丘	
서영백	徐永白	崔南伊와 童子 施主		
선일	善日	別座	比丘	
성일	性日	道岑과 畵員 참여	比丘	
성정	性淨	元敏과 供養主	比丘	
송대철	宋大哲	第三 施主	幼學	
순익	淳益	山中大德 山人	比丘	
승익	勝益	幹善道人과 大化士	比丘	
승찬	勝攅	幹善道人과 大化士	比丘	
쌍옥	双玉	寺中秩	比丘	대웅전 목조삼세불좌상 조성에 시주자로 참여

양개지	梁盖知			
언상	彦尙	善日과 別座	比丘	
연업	衍業			
예일	禮日	白波廻과 鐵物施主		
원민	元敏	供養主	比丘	
윤기생	尹起生	金鶴伊 判官 施主		
응성	應性	首僧	比丘	
의영	儀暎	道岺과 畵員 참여	比丘	
이선흥	李善興	李元日과 腹藏施主		
이승수	李承守	第二 施主		
이원일	李元日	腹藏施主 李還伊과 鬼王 施主		
이진남	李進男	地藏大施主		
이환이	李還伊	鬼王 施主		
인찬	印攢	寺中秩	比丘	
인휘	印暉	山中大德 山人	比丘	
임기생	林起生	秋順立과 泰山王 施主		
임후진	林厚進	第四 施主		
전명생	全明生	李進男과 地藏大施主		
정돌시	鄭乭屎	第九 施主		
조유어응이	趙流於應伊			
종수	宗修	寺中秩	比丘	
종인	宗印	寺中秩	比丘	
지현	智玄	道岺과 畵員 참여	比丘	
진열	震悅	道岺과 畵員 참여	比丘	
초□	初□	腹藏施主	比丘	
최남이	崔南伊	童子 施主		
최정세	崔丁世	使者 施主		
추순립	秋順立	泰山王 施主		
탑변	塔卞	山中大德 山人	比丘	
태해	太海	金仁男과 冶匠 참여	比丘	
학문	學文	幹善道人과 大化士	比丘	
학신	學信	寺中秩	比丘	
혜운	惠雲	道岺과 畵員 참여	比丘	
홍철웅	洪哲雄	第六 施主		
황시어응이	黃時於應伊	秋順立과 泰山王 施主		

참고문헌

1. 事蹟記와 문헌자료

권상노, 『한국사찰전서』, 동국대학교출판부, 1979.

梵海 撰, 『東師列傳』(『韓國佛敎全書』10, 東國大學校 出版部, 1990).

獅巖 采永, 『海東佛祖源流』(東國大學校 圖書館 所藏本)

「全羅北道 寺刹 史料集」, 『佛敎學報』3·4, 東國大學校 佛敎文化硏究所, 1966, pp.1~53.

韓國學文獻硏究所 編著, 『金山寺誌』, 亞細亞文化社, 1983.

2. 報告書·資料集

『楞伽寺 大雄殿 實測調査報告書』, 문화재청, 2003.

박원규 외, 「칠장사 목조문화재 연륜연대 측정」, 안성시청, 2008. 9.

『사자산 쌍봉사』, 무돌, 1995.

『寺刹誌』, 전라북도, 1990.

『雙峰寺』, 木浦大學校博物館, 1996.

『全羅北道의 佛敎遺蹟』, 국립전주박물관, 2001.

3. 圖 錄

1) 國 文

『佛』, 불교중앙박물관, 2007.

『불교문화재 도난백서』, 대한불교조계종 총무원, 1999.

『새로운 발견 조선후기 조각전』, 호암미술관, 2001.

『李王家博物館寫眞帖-佛像 編』, 朝鮮總督府, 1929.

『衆生의 念願』, 한국불교미술박물관, 2004.

『韓國의 佛畵 13-金山寺 本末寺』, 聖寶文化財硏究院, 1999.

『한국의 사찰문화재-전라북도·제주도』, 문화재청·대한불교조계종 문화유산발굴
조사단, 2003.

『한국의 사찰문화재-광주광역시·전라남도』, 문화재청·대한불교조계종 문화유산
발굴조사단, 2006.

4. 論 著

1) 單行本

權相老, 『韓國寺刹全書』, 동국대학교 출판부, 1979(『退耕堂全集』 2 재수록).

文明大, 『高麗·朝鮮佛教美術史 研究 ; 三昧와 平淡美』, 예경, 2003.

梵海 撰, 金侖世 譯, 『東師列傳』, 廣濟院, 1991.

寺刹文化研究院, 『전통사찰총서』 1~21, 사찰문화연구원 출판국, 1992~2006.

李政 編著, 『韓國佛教人名辭典』, 불교시대사, 1993.

이필우, 『한국산 목재의 성질과 용도』 서울대학교출판부, 1997.

鄭永鎬, 『善山地域古蹟調査報告書』, 檀國大學校 出版部, 1968.

崔宣一, 『朝鮮後期僧匠人名辭典 -佛教彫塑』, 養士齋, 2007.

_____, 『17세기 彫刻僧과 佛像 研究』, (재)한국연구원, 2009.

洪潤植 編, 『韓國佛畵畵記集』 1, 가람사연구소, 1995.

2) 論 文

郭東錫, 「全北 地域 佛教美術의 흐름과 特性－불상을 중심으로－」, 『全羅北道의 佛教遺蹟』, 국립전주박물관, 2001.

김요정·박원규, 「연륜연대법을 이용한 전통목가구와 목공예품의 과학적 편년해석: 조선후기와 근대의 사례연구」, 『미술사학연구』 246·247, 2005. 9.

김요정·김상규·박서영·최선일·오정애·박원규, 「연륜연대와 목조불상의 편년」, 『2009 연륜연대와 미술사 학술대회 발표논문집』, 2009. 2.

文明大, 「高麗·朝鮮時代의 彫刻」, 『韓國美術史의 現況』, 藝耕, 1992, pp.207~ 226.

박상진, 「해인사 목조비로자나불의 재질과 제작연대 분석-9세기 해인사 비로자나불의 역사성과 예술성」(2005, 해인사). pp.41~52.

박원규·오정애·김요정·김상규·박서영·손병화·최선일, 「전라도지역 조선후기 목조불상의 수종」, 『한국가구학회지』 21(1), 2010. 1.

宋殷碩, 「朝鮮後期 17世紀 彫刻僧 熙藏과 熙藏派의 造像」, 『泰東古典研究 22, 한림대학교 태동고전연구소, 2006.

_____, 「17세기 朝鮮王朝의 彫刻僧과 佛像」, 서울대학교 대학원 박사학위청구논문, 2007. 2.

李康根, 「17세기 佛殿의 再建設」, 『미술사학연구』 208, 1995. 12.

李鐘文, 「朝鮮後期 後佛木刻幀 研究」, 『美術史學研究』 209, 1996. 3.

정아름·박원규·김요정, 「목조불상의 수종」, 『한국목재공학회 2007 학술발표 요지집』, 2007. 4.

趙恩廷,「松廣寺 十六羅漢像에 대한 硏究」,『文化財』22, 文化財管理局, 1989.

_____,「朝鮮後期 十六羅漢像에 對한 硏究」,『考古美術』182, 1989. 6.

崔宣一,「朝鮮後期 全羅道 彫刻僧 色難과 그 系譜」,『미술사연구』14, 2000.

_____,「全羅南道 和順 雙峰寺 木造地藏菩薩坐像과 彫刻僧 雲惠」,『불교미술 사학』2, 통도사성보박물관 불교미술사학회, 2004.

_____,「고양 상운사 <목조아미타삼존불좌상>과 조각승 進悅」,『美術史學硏究』 244, 2004. 12.

_____,「朝鮮後期 彫刻僧의 활동과 佛像 硏究」, 홍익대학교 대학교 박사학위청 구논문, 2006. 6.

_____,「安城 七長寺 木造地藏菩薩坐像과 彫刻僧 金文」,『역사민속학』29, 2009. 3.

_____,「朝鮮 後期 彫刻僧과 佛像樣式의 변천」,『美術史學硏究』261, 2009. 3.

한동수,「전라북도 완주 모악산 대원사 대웅전 실측조사기」,『성보』6, 대한불교조 계종 문화부, 2004. 12.

완주 대원사 소장 〈진묵대사 진영〉에 대한 소고

최경현 문화재청 문화재감정위원 / 홍익대학교 겸임교수

❖ 이 논문은 2011년 4월 16일 동북아불교미술연구소·문화유산연구소 주최
로 열린 완주 대원사 학술대회에서 발표했던 내용을 수정·보완하여 『文化
史學』 35호(2011. 6)에 게재했던 것이다.

I. 머리말

고승高僧의 모습을 그린 진영眞影은 조사신앙祖師信仰을 배경으로 제자
와 문파門派의 승려들이 스승에 대한 존경과 추모의 정을 나타내기 위해
조성된 불화의 한 종류이며, 동시에 특정 개인의 모습을 그렸다는 점에서
넓은 범주의 일반 초상화에 포함되기도 한다. 조선 후기로 갈수록 제례와
향사를 목적으로 한 사대부 초상화가 다수 그려진 것처럼, 고승 진영도
18세기 후반부터 활발하게 조성되어 진영당眞影堂, 영각影閣, 영자전影子殿,
조사전祖師殿, 국사전國師殿 등에 봉안되었다. 그리고 이들 전각에서 고승
이 입적한 날, 그의 법맥을 이은 제자와 신도들이 해마다 재齋를 올리는
의식이 거행되었다.

한국불교사에서 고승 진영이 본격적으로 조성된 것은 도의道義가 821년
당나라에서 귀국하면서 소개한 선종이 지방호족의 비호를 받으며 구산선
문九山禪門의 기반을 다진 9세기 중반부터이다. 선종에서 고승 진영은 사
자상승師資相承의 증표로 경전처럼 중요시되었고, 조사신앙이 발달하면서
스승과 제자의 위계질서는 물론 정신적 결속을 강화하는 역할을 하였
다.[1] 이후 고려시대에도 조사신앙이 지속되면서『대각국사문집』을 비롯
해『삼국유사』,『동국이상국집』등에서 왕사王師나 국사國師, 선사禪師 등
을 지낸 고승들의 진영이 활발하게 조성된 기록들이 다수 확인되고 있다.
하지만 통일신라와 고려의 진영들은 거의 남아 있지 않아 당시의 면모를

....

[1] 통일신라 말기에 조성된 고승 진영에 관한 자세한 내용은 김형우 글, 윤열수 사진,
『고승진영』, 대원사, 1990, pp.14~16; 정우택, 「조선왕조시대 후기 불교진영」, 『다시
보는 우리초상의 세계』, 국립문화재연구소, 2007, pp.144~147 참조.

파악할 수 없는 상황이다.

조선은 건국과 더불어 억불숭유정책을 실시하였기 때문에 진영 제작이 크게 위축되었지만, 건국에 도움을 준 고려 말의 선승 지공指空, 나옹懶翁, 무학無學의 진영이 왕실 후원으로 조성되면서 명맥이 유지되었다. 이러한 가운데 임진왜란은 고승 진영 제작에 획기적인 변화를 가져오는 중요한 계기가 되었다. 승려들이 힘을 모아 왜구를 격파한 구국활동이 인정되면서 불교계는 중흥을 맞이하였고, 이때 공을 세운 청허서산淸虛西山(1520~1604), 사명유정四溟惟政(1544~1610), 기허영규騎虛靈圭(?~1592)의 진영을 국가적 차원에서 조성하여 대흥사의 표충사表忠祠와 묘향산의 수충사酬忠祠 등에 봉안한 것을 계기로 고승 진영이 활발하게 제작되기 시작하였다. 다시 말해 17세기에 전국적으로 사찰이 중창되면서 고려의 고승 진영과 구국의 공을 세운 승려들의 진영이 새로 조성된 것이다. 특히 선종禪宗과 교종教宗의 통합 운동을 전개하며 문파門派의 기반을 구축한 서산대사의 진영이 다수 그려졌다.2) 18세기 후반에는 고승 진영의 대상이 용문사를 창건한 두운선사杜雲禪師나 보경사를 창건한 원진국사圓眞國師 등의 사찰 창건주와 진묵대사震默大師, 화악대사華岳大師, 함월종사涵月宗師 등처럼 문파에서 뛰어난 업적을 남긴 승려들로 확대되었으며, 19세기에는 개별 사찰의 주지나 관련 승려의 진영으로 더욱 보편화되었다.3) 이러한 과정에서 특정 제자나 문파가 아닌 대중의 신앙대상으로 성격이 바뀌면서 신격화의 양상을 보이기도 하였다. 동시에 18세기 후반부터는 일반 초상화의 영향을 받아 세부 표현이 이전보다 더욱 다양해졌다.

일반적으로 고승 진영은 초상화처럼 조형적으로 다양하지 않았지만, 승려의 겉모습을 사실적으로 표현하여 구도자求道者로서의 내면세계를 전

2) 김형우 글, 윤열수 사진, 앞의 책, pp.79~80.
3) 정우택, 앞의 논문, pp.146~150.

달하려 했던 창작태도는 동일하였다. 다만 고승 진영은 불화를 그린 불화승佛畵僧이 주로 그렸기 때문에, 표현기법과 재료 등이 화원화가가 그린 어진이나 사대부 초상화에 비해 상대적으로 수준이 낮은 경우가 적지 않게 발견된다. 다시 말해 고승 진영은 불화를 전문으로 그린 장인적 성격의 지방 화가들이 담당하였기 때문에 조형성은 물론 색채감각 등 모든 면에서 당대 최고 실력의 화원화가들이 그린 초상화와 비교하기에는 다소 무리가 따른다. 더구나 고승 진영은 거의 동일한 유형의 반복 제작으로 인해 강한 획일화의 특징을 보이며, 18세기 후반부터는 고승 진영이 다수 제작되면서 일반 회화나 초상화의 영향을 받아 세부 표현에서 새로운 변화를 보인다. 이와 동시에 고승 진영이 특정 제자나 문파를 초월해 대중에 의해 신앙되면서 신격화의 경향을 보이기도 하였으나, 근대 사진기법이 도입된 이후에는 단순 초상화로 그 의미와 역할이 다시 한 번 바뀌는 양상을 보인다.

본 논문에서 중점적으로 소개할 대원사 소장의 <진묵대사 진영>은 1906년 조성 봉안되었으며, 동시기의 다른 진영과 비교해 신체를 과장되게 표현한 것이나 장삼과 가사의 테두리에 박쥐와 화려한 꽃문양을 그려 넣어 장식성을 강조한 것 등은 보기 드문 사례로 주목된다. 먼저 <진묵대사 진영>이 대원사의 대웅전에 봉안된 배경을 알아본 다음, 조선 후기에 조성된 고승 진영의 변천과정과 시대별 특징적 유형을 소개하려고 한다. 이러한 토대 위에서 대원사 소장의 고승 진영을 집중적으로 분석하여 어떤 유형에 속하는가 알아보고, 화면의 특징적 조형언어가 지니는 미술사적 의미에 대해 검토해 보려고 한다. 끝으로 진영을 그린 불화승 천호天湖의 활동상이나 계보에 대해서도 간략하게 언급하려고 한다.

II. 대원사와 진묵대사

대원사大院寺는 전라북도 완주군에 위치한 모악산의 동쪽 중턱에 자리하고 있으며, 대한불교조계종 제17교구 본사인 금산사金山寺의 말사이다.[4] 『삼국유사』에 의하면 670년(신라 문무왕 10) 열반종 개조인 보덕普德 스님의 제자 일승一乘, 심정心正, 대원大原이 스승이 머무는 고대산孤大山 경복사景福寺가 보이는 이곳에 대원사大原寺를 창건하였다고 한다. 고려시대인 1066년 원명국사圓明國師 징엄澄嚴이 2창을 하였고, 1374년 나옹혜근懶翁惠勤이 3창을 하였다. 이후 조선시대에도 지속되었으나 1597년 정유재란 때 소실된 것을 1606년 진묵대사震默大師(1562~1633)가 6창을 한 다음 15년 동안 머물며 불법을 전하였다. 1733년 동명천조東明千照가 중창하였고, 1886년 건봉사乾鳳寺의 금곡인오錦谷仁旿가 함수산咸水山 스님과 대웅전 등을 중건하였다. 1951년 한국전쟁 때 소실된 것을 1959년 덕운德橒 스님이 불사를 시작하여 1960년에는 칠성각을, 1962년에는 산신각을 신축하였다. 1990년 산신각이 장마로 훼손되자 삼성각을 건립하였고, 1993년에는 칠성각을 헐어 요사를 지었으며, 2003년에는 석문 스님이 명부전을 새로 건립하여 현재에 이르고 있다. 특히 대웅전의 내부에는 삼존불상의 뒷면에 석가·약사·아미타의 <삼세후불탱>이 봉안되어 있고, <칠성탱>과 <진묵대사 진영> 등이 걸려 있다.

<진묵대사 진영>은 대원사 대웅전의 왼쪽 벽면에 걸려 있는데(도 1), 이는 그가 15년 동안 이곳에 머물며 사찰 중건에 힘쓰고 불법을 설파했던 행적과 밀접한 연관이 있다고 할 수 있다. 그의 법휘法諱는 일옥一玉이며

---

4) 현재 대원사는 '大院寺'라 표기하고 있지만, 『삼국유사』에는 '大原寺', 『동국여지승람』에는 '大圓寺', 1857년 초의선사가 엮은 『震默祖師遺蹟攷』에는 '大元寺'로 각각 한자가 다르게 쓰여 있다.

도 1. 天湖, 〈震默大師 眞影〉, 1906년, 綿本彩色, 114.5×83.5cm, 대원사
도 2. 〈震默大師 眞影〉, 聖母庵

호는 진묵震默이고, 1562년 김제군 만경면 화포리에서 태어나 7세 때 봉서
사鳳棲寺에서 출가한 이후 불가佛家의 일원으로 활동하였다. 이후 변산邊山
월명암月明菴, 진산珍山 태고사太古寺, 전주全州 원등사遠燈寺와 대원사 등에
서 불법 전파에 힘쓰다 1633년 72세로 입적하였다. 그는 조선 중기에 석
가모니불의 후신이라 추앙되었으며, 불교 이외에 유교와 도교를 모두 아
울렀던 것으로도 유명하다. 또한 임진왜란 때 공을 세운 서산西山 일파가
명예와 이를 쫓는 세태를 못마땅하게 생각하였다.[5] 조선 후기에 김기종金
箕鍾이 진묵대사와 관련한 행적들을 수집하였고, 초의선사草衣禪師(1786~
1866)가 이것을 『진묵조사유적고震默祖師遺蹟攷』로 편찬하여 1857년 판각

5) 李一影 編, 『震默大師小傳』, 保林社, 1983, p.9.

인쇄하였다는 사실은 진묵대사와 관련한 일화가 전라도 지역에서 널리 회자되었음을 의미하는 것이라고 할 수 있다.6)

이와 더불어 그와 관련된 기록으로 주목되는 것은 조선 후기의 대표적 여항문인 가운데 한 사람인 조수삼趙秀三(1762~1849)의 개인문집 『추재집秋齋集』卷8에 실려 있는 「진묵대사영당중수기震默大師影堂重修記」이다. 그 내용은 조수삼이 남쪽을 여행하다 만난 고승 용파새관龍波璽寬에게 진묵대사의 행적을 듣게 되었고, 그가 입적한 이후에 법손法孫 완암정우完巖政耦가 진묵대사의 영당影堂을 중수하고 새로 단청한 다음 찾아와 대사에 관한 글을 부탁하여 1833년 10월 이러한 찬문을 남기게 되었다는 것이다.7) 이는 18세기 무렵부터 그의 진영이 조성 예배되었을 뿐만 아니라 19세기 전반 무렵 전라도 지역에 <진묵대사 진영>을 봉안했던 영당이 실제로 존

. . . .

6) 草衣禪師의 『震默祖師遺蹟攷』는 李一影 編, 앞의 책, pp.19~107 참조.
7) 趙秀三, 『秋齋集』卷8 「震默大師影堂重修記」 "大師名一玉 震默堂其號也. 萬頃佛居村人. 大師生時. 佛居草木三年萎枯 人咸日間氣而生也. 生而不喜葷腥 性慧心慈悲 故又日佛居生佛也. 年七歲 歸全州府西方山鳳棲寺. 始讀內典 若刃迎觴解 過目成誦. 然不假師授 故衆不知而小沙彌視之. 住持者日命燒香禮神衆 久之 住持夢神衆齊謝日吾儕小神 安敢受佛禮乎. 願勿復燒香 得晨夕自便也. 於是衆大謀 以爲佛再世也. 大師一日詣府中士人 請借綱目全部. 令一力負而從之 覽一册訖 輒投諸道 則力隨他拾之 比至寺計三十里 而七十册業已卒矣. 後士人試抽而問之 則擧無一字錯焉. 噫 非有夙根人 何能如是也. 大師旣老 不出山門 手經坐如塑 雖累日夜不寢食而不自覺也. 非忘身而見性人 何能如是乎. 大師生於壬戌 涅槃於甲戌 得臘七十三 十月二十八日也. 寺僧歲設齋供於影堂 香火至今愈盛也. 始余少而南游 府中耆老樂與過從. 有老僧龍波璽寬年七十餘 時時說大師遺事而索余識之. 如曰擲鉢而雨 救海印之災也 撤鹽而雪 助獵戶之餐也. 莊嚴佛像 永不改金也. 塡渴泉眼 莫能拔石也. 被人强唵魚羹而開袴踞石 魚皆從尻門出 潑剌乎川中也. 大凡至人之眞心實事. 不相違背 然此數事有無 不足輕重於大師. 竊恐麻姑狡獪菩薩神通 適爲吾儒之呫囁也. 且卒卒歸 而未暇於筆硯爾 今余已老而再到 故老盡矣 龍波亦西歸久矣. 其法孫完巖政耦重修影堂 新施丹雘 來請余記其事 蓋不知其祖有成言於昔年也. 文字緣若是其深也歟. 余感龍波之宿諾 喜政耦之克紹 遂爲之記. 而詳紀大師之實蹟 略述故老之傳聞. 使大師而今在者 必許余赴蓮社 而不以多言 故去入石中也." (李一影 編, 앞의 책, pp.107~114 재인용).

재하였다고 하는 사실을 뒷받침해준다.

현재 <진묵대사 진영>은 대원사를 비롯해 성모암聖母庵, 봉서사鳳棲寺, 조앙사祖仰寺 등에 전하고 있다.[8] 이 가운데 전신평좌상全身平坐像의 성모 암본은 비록 바닥에 돗자리가 있지만, 원래 의자에 앉아 있던 것에서 의 자만 제거한 것처럼 자세가 불안정하다(도 2). 또한 장삼이나 가사 표현도 대원사본보다 고식古式이기 때문에 18세기에 조성된 원본을 보고 다시 그 린 것이라 판단된다. 대원사의 <진묵대사 진영>도 전신평좌상으로 성모 암본과 자세는 유사하지만, 부풀린 장삼으로 신체를 과장되게 표현한 것 이나 장삼과 가사의 테두리에 화려한 문양으로 길상성吉祥性과 장식성을 극대화하고 있어 성모암본보다 후대에 조성된 것으로 추정된다. 이처럼 <진묵대사의 진영>에 새롭게 보이는 도상의 특징과 연원을 알아보기 위 해, 조선 후기의 현전작품들을 시기별로 분류하여 고승 진영의 특징적 유 형과 변천과정을 구체적으로 검토해 보려고 한다.

Ⅲ. 조선 후기의 고승 진영 변천

문화재관리국(현 문화재청)에서 1990년 실시한 조사에 의하면 당시 430여 점의 고승 진영이 현전하는 것으로 확인되었으나, 실제로는 이보다 훨씬 더 많은 예들이 사찰에 현전하고 있다.[9] 이러한 진영들은 거의 대부분 18

....

8) 봉서사는 출가해 불법을 닦았던 곳(전북 완주군 용진면 간중리 산2)이고, 성모암은 어머니의 묘소가 있는 곳(전북 김제군 만경면 화포리 388)이며, 조앙사는 성모암 뒤 에 있는 대사의 생가로 알려진 터(전북 김제군 만경면 화포리 385)에 1915년 진묵을 숭앙하기 위해 세워진 것이다. 조앙사 근처에 <진묵대사 진영>을 모신 진묵사(전북 김제군 만경면 화포리 431)가 있다.

세기 이후에 조성되었으며, 고승의 자세와 특징적 도상에 의해 크게 세 시기로 구분할 수 있다. 제1기는 17세기 전반을 하한으로 하며, 제2기는 17세기 중반부터 18세기 후반까지이고, 제3기는 18세기 말부터 20세기 초인 데, 일반적으로 앞 시기의 전통을 계승하면서도 세부 표현에 새로운 독특한 조형요소가 추가되면서 변화를 보인다.[10]

17세기 전반을 하한으로 하는 제1기 고승 진영의 대표적인 자세나 특 징적인 도상을 알려주는 이른 시기의 예로는 송광사 국사전에 봉안되었 던 <16국사國師 진영眞影>을 꼽을 수 있다.[11] 현재 이들 진영은 1995년 도 난당하여 소재를 알 수 없지만, 고려시대부터 17세기 전반까지 조성된 진 영의 특징적 양상을 유추하는데 귀중한 자료로 평가되고 있다. 보조普照 국사 지눌知訥(1158~1210)을 중심으로 진각眞覺, 청진淸眞, 진명眞明, 자진慈 眞, 원감圓鑑, 자정慈精, 자각慈覺, 담당湛堂 혜감慧鑑, 자원慈圓, 혜각慧覺, 각 엄覺嚴, 정혜淨慧, 홍진弘眞, 고봉高峰이 좌우에서 의자에 앉아 중앙을 향하 고 있다. 16국사는 의자에 앉아 있는 측면의 전신의자상全身倚子像으로 7 점은 받침대에 다리를 내리고 있고, 9점은 받침대에 신발을 벗어 놓은 채 의자 위에서 가부좌를 하고 있다. 제1대인 보조국사는 오른손에 주장자拄 杖子를 잡고 있지만, 나머지는 불자拂子를 들거나 선정인禪定印 내지는 설 법인說法印을 취하고 있다(도 3). 복식은 장삼 위에 경계 부분을 다른 색 천 으로 이은 첩상가사貼相袈裟를 통해 화면의 단조로움을 피하고 있지만, 자

....

9) 『全國寺刹所藏 高僧肖像畵報告書』, 문화재관리국, 1990; 이은희, 「朝鮮 壬辰倭亂 僧將 三和尙의 眞影 硏究: 淸虛·四溟·騎虛 眞影을 중심으로」, 앞의 책, p.173; 김 정희, 「조선후기 畵僧의 眞影像」, 『講座美術史』 35, 2010, p.70.

10) 조선 후기의 고승 진영에 대한 유형별 분류는 필자가 기존의 연구성과를 토대로 재구 성한 것이다. 김형우 글, 윤열수 사진, 앞의 책; 김형우, 「한국 고승진영의 조성과 봉 안」, 『韓國의 佛畵』 禪雲寺 本末寺篇, 聖寶文化財硏究院, 1990, pp.185~200; 정우 택, 앞의 논문, pp.144~166; 김정희, 위의 논문, pp.69~113 등.

11) 『全國寺刹所藏 高僧肖像畵報告書』, 문화재관리국, 1990, pp.100~103.

도 3. 快玭과 福粲, 〈16國師 眞影〉 중에서 知訥, 1780년,
　　綿本彩色, 134.5×77.5cm, 송광사 국사전
도 4. 〈四溟大師 眞影〉, 1796년, 絹本彩色, 보물 1505호, 동화사

세와 복식 등은 획일화된 면모를 강하게 보여준다.

　화기畫記에 의하면 이들 진영은 1780년 4월 응성지호應星旨顯가 증명證明
하고 금어金魚 쾌윤快玭과 복찬福粲이 다시 그렸다고 한다. 그런데 1621년
기록인 「십육국사진영기十六國師眞影記」에 "이 진영들은 1560년 조성되었
다."라고 쓰여 있어 원래 17세기 후반 처음 조성된 것이 훼손되면서 1780
년 원본을 근간으로 다시 제작된 것이라 추정된다.[12] 그러므로 도난당한
송광사의 〈16국사 진영〉은 1780년 그려진 것이지만, 17세기 후반에 고식
古式으로 그려진 원본을 거의 그대로 옮겨 그렸을 가능성이 높기 때문에
17세기 고승 진영의 유형이나 특징을 유추하는데 중요한 단서를 제공해

12) 김형우 글, 윤열수 사진, 앞의 책, pp.26~28.

도 5. 〈芙蓉堂 眞影〉, 18세기 후반, 108.3×63.5cm, 선운사
도 6. 〈16國師 眞影〉 중에서 淸眞, 1996년 도난

준다고 할 수 있다. 결국 제1기 고승 진영의 대표적 유형은 아무런 배경 없이 승려가 의자에 앉아 있는 측면의 전신의자상이며, 주요한 특징은 자세를 비롯해 복식 표현과 색채 사용 등에서 획일화된 면모를 강하게 보이는 것이다.

또 다른 예인 동화사 소장의 <사명대사 진영>은 화기에 있는 '가경원년嘉慶元年'에 의해 1796년 조성된 것으로 알려져 있다(도 4). 하지만 송광사의 <16국사 진영>과 동일한 전신의자상이고, 담백한 색감이나 선묘로 그려진 의습 표현 등은 제2기에 거의 보이지 않는 고식古式이기 때문에 1796년 전체를 다시 그렸다기보다는 일부 보채補彩만 한 것으로 짐작된다. 이를 통해 17세기 전반까지의 고승 진영은 전신의자상이 대표적이었다고 할 수 있다.13) 제1기의 전신의자상은 통일신라 이후 그려진 시왕도十王圖와 도상적으로 유사하지만, 고승 진영은 제자나 신도들이 입적한 승려를 기리는 조사신앙을 근간으로 하고, 시왕도는 망자亡者의 죄업罪業을 심판하는 명부冥府사상을 배경으로 하기 때문에 근본적인 출발점이 다르다고 할 수 있다. 더구나 고려 이후에 현전하는 시왕도를 보면 시왕들이 무서운 재판관이 아닌 원유관遠遊冠을 쓴 문관으로 표현되었다는 점에서도 명확한 차이를 보인다.14)

제1기의 전신의자상은 복고적 취향으로 인해 제2기와 제3기에도 꾸준히 제작되었지만, 각 시기마다 새로운 표현 요소들이 추가되면서 변화된 조형감각과 미감을 보여준다. 그러한 예로는 제2기에 조성된 선운사 소장의 <부용당芙蓉堂 진영>과 <청허당淸虛堂 진영>이 있다. 두 진영은 무배경의 전신의자상으로 송광사의 <16국사 진영>과 상당히 유사한 면모를 보여준다. 부용당(1485~1571)을 그린 진영과 송광사의 제3대 청진당 진영을 비교하면, 신발을 놓은 받침대가 없어지고 불자拂子가 108염주로 대체된 것을 제외하고는 의자에 가부좌한 채 오른쪽을 향하고 있는 자세뿐만 아니라 손 위치, 가사를 장식한 금속장식품까지 매우 유사하다(도 5, 6). 하지만 부용당의 얼굴 모습을 자세히 표현한 것이나 장삼의 동정을 둥글게 나타낸 것, 형식화된 옷주름 표현 등은 이 진영이 약간 늦은 시기에 조성되었다고 하는 사실을 알려준다. 이러한 표현은 <청허당 진영>과 송광사의 제5대 자진慈眞 진영의 경우도 동일하게 보이며, 청허딩이 잡은 주장자拄杖子의 용머리 장식이나 발 받침대의 표면에 그려진 문양 등에서 장식적 요소가 보이므로 <부용당 진영>과 거의 동시에 조성된 것으로 추정된다(도 7, 8).

13) 정우택, 앞의 논문, pp.149~152.
14) 안귀숙·김정희·유마리 공저, 『朝鮮朝 佛畵의 硏究』2 地獄系 佛畵, 한국정신문화연구원, 1993, pp.1~111.

도 7. 〈淸虛堂 眞影〉, 18세기 후반, 絹本彩色, 106.5×65cm, 선운사
도 8. 〈16國師 眞影〉 중에서 慈眞

　　현재 동국대학교박물관 소장의 〈각진국사覺眞國師 진영〉은 1825년 화원畵員 장유壯愈가 선운사에서 그린 다음 백양산의 정토사로 옮겨 갔다는 화기에 의해 제3기에 조성된 것이 분명한 대표적인 사례들 가운데 하나이다(도 9). 하지만 같은 사찰인 선운사에 소장되어 있는 〈청허당 진영〉과 비교하면, 두 고승의 자세는 물론 의자 형태, 불자를 든 왼손과 의자를 잡은 오른손까지 거의 유사하여 각진국사(1270~1355)의 진영을 그릴 때 〈청허당 진영〉을 참고하였을 가능성이 높다. 다만 〈각진국사 진영〉에서는 제1기에 성행한 첩상가사貼相袈裟가 단색의 가사로 바뀌고, 제2기에 등장하는 돗자리나 바위, 소나무 등을 표현하여 공간감을 배가시키고 있는 점이 달라진 것이다. 이러한 가운데 새로운 요소로 주목되는 것은 가사의

도 9. 壯愈, 〈覺眞國師 眞影〉, 1825년, 동국대학교박물관
도 10. 〈東岳堂 眞影〉, 1738년, 絹本彩色, 144.7×116.5cm, 선암사 도난 후 회수

테두리에 꽃장식 문양을 더하여 장식성을 강조한 것인데, 이는 기존의 불
화佛畵에서 본존의 법의法衣를 그리며 사용했던 독특한 장식기법을 차용
한 것으로 고승 진영의 신격화와 밀접한 연관이 있는 것으로 판단된다.
결국 제3기에 그려진 <각진국사 진영>에서 보이는 두드러진 특징은 가
사의 테두리를 불화의 본존 법의와 동일한 문양으로 장식한 것인데, 이는
고승 진영에 대한 존경과 예배의식이 점차 강조되었음을 의미하는 것이
라고 할 수 있다. 이와 관련해 고승 진영은 원래 진영각이나 영각 등에
봉안되어 계파系派나 문도門徒 제자들이 해마다 입적한 날에 재齋를 올리
며 단결을 보여주는 상징적 역할을 하였으나, 19세기 이후부터 사찰의 중
심 예불공간인 대웅전에 고승 진영이 봉안된 것도 신격화의 양상과 밀접
한 연관이 있는 것으로 이해된다. 일례로 1961년 조사에 의하면 화엄사

대웅전에 <삼세불회도三世佛會圖>와 <신중도神衆圖>를 비롯해 고승 진영이 6점이나 봉안되었다는 사실은, 입적한 고승에게 해마다 재齋를 올리는 제례적 목적이 약화되고, 일반 신도가 고승의 업적을 존경하는 수준을 넘어 신앙하는 단계에 이르면서 고승 진영의 역할과 기능에 커다란 변화가 있었음을 알려주는 것이다.15)

　제2기인 17세기 중반부터 18세기 후반까지는 제1기에서 제3기로 넘어가는 과도기로 전신의자상이 지속되는 가운데 전신평좌상全身平坐像이 대표적 유형으로 자리매김하는 것이 가장 중요한 변화이다. 다시 말해 승려가 의자가 아닌 맨바닥에 가부좌하고 있는 전신평좌상이라는 새로운 형식이 성립된 것이다. 선암사에서 1738년 조성된 <동악당東岳堂 진영>은 제2기의 대표적 유형이 시작된 초기의 양상을 알려주는 비교적 이른 예로 주목된다(도 10). 이 진영은 임진왜란 이후 불교계의 부흥이 갈무리된 이후 개별 사찰 단위로 정통성과 법맥을 확립하기 위해 고승 진영이 활발하게 조성되던 시기에 그려졌기 때문에, 기존의 획일화된 전신의자상과는 다른 자세를 추구하는 과정에서 새롭게 나타난 것이다. 동악당은 무배경에 엉거주춤한 자세로 앉아 있는데, 특히 하체 부분이 길게 묘사된 것으로 보아 원래 의자 위에 가부좌한 전신의자상에서 의자만을 제거하면서 이러한 모습이 된 것이라 유추된다. 다시 말해 <동악당 진영>은 전신의자상에서 전신평좌상으로 옮겨가는 과도기적 양상을 보여주는 사례라고 할 수 있다. 이는 동악당이 착용한 장삼과 그 위에 걸친 첩상가사貼相袈裟가 제1기 고승 진영의 주요 복식이었던 점도 그러한 견해에 설득력을 더해준다. 또 다른 예로 선암사 소장의 <만화당萬化堂 진영>이 있는데, 만화당(1694~1758)은 동악당보다 훨씬 안정된 자세로 무배경의 바닥에 앉아

----

15) 정명희, 「화엄사의 불교회화」, 『화엄사의 불교미술』 불교미술연구 조사보고 제2집, 국립중앙박물관, 2010, pp.10~25.

도 11. 〈萬化堂 眞影〉, 18세기 후반, 絹本彩色, 106×67.5cm, 선암사
도 12. 〈海松堂 眞影〉, 1786년, 통도사

있다(도 11). 그리고 장삼과 가사의 옷주름을 선묘가 아닌 명암을 달리한 채색
으로 나타내고 있어 〈동악당 진영〉보다 약간 늦은 시기에 조성된 것으로 보
인다.

이러한 전신평좌상은 18세기 후반 무렵부터 무배경의 화면에 돗자리를
깔아 바닥과 벽면을 명확하게 구분하여 공간감을 나타내거나 고승의 옆
에 경상經床을 추가하는 등 배경 표현에서 조형적 변화를 시도하는 특징
을 보인다. 통도사에서 1786년 조성된 〈해송당海松堂 진영〉을 보면 전신
평좌상이면서 배경에 돗자리를 깔아 바닥과 벽면을 구분하였음은 물론
경상을 더하여 공간을 구체적으로 나타내고 있다(도 12). 이처럼 배경에 돗
자리와 경상을 배치하여 현실적 공간감을 시사한 것은 앞서 살펴본 〈동

도 13. 有誠, 〈抱月堂 眞影〉, 1766년, 견본채색, 103.5×75.5cm, 봉정사
도 14. 成仁, 〈慈藏律師 眞影〉, 1804년, 綿本彩色, 147.5×96.5cm, 통도사

악당 진영>과 <만화당 진영>에서는 시도되지 않았던 새로운 표현법이다. 18세기 후반에 제작된 고승 진영에서 바닥에 돗자리를 표현한 것은 동시기 사대부의 초상화에서도 볼 수 있으므로 그러한 영향을 받은 것으로 이해된다.

이밖의 배경에 산수를 표현하여 자연과의 교감을 통해 득도의 경지에 이른 선사禪師로서의 이미지를 부각시킨 고승 진영들도 제작되었다. 봉정사에서 유성有誠이 1766년 그린 <포월당 진영>과 <설봉당 진영>이 그러한 예에 속하는데, 포월당과 설봉당은 실내가 아닌 자연을 배경으로 전신 평좌상을 하고 있다. 일반적으로 고승 진영은 거의 오른쪽을 향하고 있는데 포월당은 왼쪽을 향해 있으며, 배경에 괴석과 경함經函으로 보이는 상자를 표현하여 차분한 분위기를 연출하고 있다(도 13). <설봉당 진영>은 고려시대 수월관음도에서 도상을 차용한 듯 암벽이 솟아 있고 정병이 바위 위에 놓여 있다. 설봉당은 방석 위에 앉아 오른쪽을 향하고 있으며, 왼손과 오른손에 각각 죽비竹篦와 염주를 들고 있다. 또한 두 고승이 들고 있는 염주가 목걸이처럼 긴 108염주에서 알이 커진 것도 이전에 보이지 않던 새로운 요소이다.16)

이상에서 살펴본 것처럼 제2기에는 의자가 사라지고 고승이 맨바닥이나 돗자리 내지는 방석에 앉아 있는 전신평좌상이 대표적 유형으로 자리매김 하였다. 그리고 제1기에는 배경에 아무것도 없었는데 돗자리, 경상, 산수 등을 표현하여 공간감을 부여한 것도 새로운 표현기법으로 주목된다.

제3기는 18세기 말부터 20세기 초까지이며, 개별 사찰을 중심으로 고승 진영이 가장 활발하게 조성되면서 불화승의 실력이나 후원자의 경제력에 따라 작품 수준이 커다란 격차를 보인다. 역시 제2기의 전신평좌상이 대표적 형식이었으며, 세부 표현에서 특정 조형물의 형태를 과장하거나 화려한 문양을 그려 넣어 장식성이 커진 것은 새로운 시도라고 할 수 있다. 하지만 배경에 많은 지물持物을 설치하는 경우에는 제2기의 안정된 공간 감 표현에서 벗어나 오히려 공간을 협소하게 만드는 역기능을 하는 경우도 적지 않게 발견된다. 결론적으로 제3기에는 제1기의 전신의좌상도 공존하였으나 제2기의 대표적 유형인 전신평좌상이 압도적으로 많이 그려졌으며, 형태를 일부 과장하거나 화려한 문양 표현으로 장식성을 강조한 것은 제3기의 독특한 표현기법이라 할 수 있다.

1804년 양공良工 계한戒閑과 화원畵員 성인成仁 등이 그린 통도사 소장의 <자장율사慈藏律師 진영>에서 제3기의 전형적인 특징을 접할 수 있다(도 14). 이 진영은 전신의자상이라는 제1기의 대표적 유형과 돗자리를 깔아 바닥과 벽면을 구분하는 제2기의 새로운 표현법이 적절하게 절충되면서 단아

16) 정우택, 앞의 논문, pp.153~154.

도 15. 道日,〈道詵國師 眞影〉, 1805년, 絹本彩色, 132.5×106cm, 선암사
도 16. 道日,〈大覺國師 眞影〉, 1805년, 絹本彩色, 129×104.5cm, 선암사

하면서도 깔끔한 분위기를 전달해준다. 하지만 자장율사(590~658)가 착용한 녹색 장삼과 하얀 속옷의 도식화된 옷주름 표현이나 받침대 위에 벗어 놓은 화려한 신발에서 제3기의 특징인 형태의 과장이나 장식적인 효과가 발견된다. 그럼에도 불구하고 〈자장율사 진영〉에서 제2기의 요소들이 두드러진 것은, 진영의 봉안처인 개산조당開山祖堂이 1727년 건립된 것과 밀접한 연관이 있는 것으로 보인다. 다시 말해 제2기에 조성된 원본이 심하게 훼손되자, 1804년 다시 그리면서 새로운 표현기법이 일부 반영된 것이다.[17]

　이와 유사한 예로 화사畵師 도일道日이 1805년 선암사에서 중수重修한 〈도선국사道詵國師 진영〉이 있다(도 15). 통일신라 말기의 선종 승려인 도선국사(827~898)는 지리와 음양학에 정통하였으며, 고려시대에는 풍수지

17) 자장율사는 통도사의 창건주이며, 황룡사 9층 목탑을 건립하였다. 김형우 글, 윤열수 사진, 앞의 책, 대원사, 1990, p.51.

리설의 대가로 유명하다. 그의 진영이 조성된 것은 선암사 중창에 참여한 인연 때문이며, 화면을 보면 역시 전신의자상이고 바닥에는 돗자리가 그려져 있다. 이처럼 제1기와 제2기의 요소들이 절충되었지만, 붉은색 가사에 금분으로 문양을 표현한 장식성이나 경함經函으로 보이는 상자가 놓인 탁자의 형태를 과장한 것 등은 제3기의 새로운 요소라고 할 수 있다. 도일道日은 같은 해에 선암사를 3창한 <대각국사大覺國師 진영>도 중수하였는데(도 16), 이것과 <도선국사 진영>을 비교하면 고승이 앉아 있는 의자 형태와 바닥에 깐 화문석만 다를 뿐 자세는 물론 얼굴 표현, 복식까지 거의 유사하여 동일한 초본을 근간으로 그렸다는 사실을 확인할 수 있다. 이처럼 고승 진영에서 다른 인물을 그리면서 동일 초본을 사용하는 행태는, 20세기 전반에 이르러 사진을 토대로 개별 승려를 사실적으로 표현하는 진영이 등장하기 이전까지는 유형화 내지 획일화의 양상이 대세를 이룰 수밖에 없었던 근본적 원인이기도 하였다.

제3기에는 제1기와 제2기의 유형이나 표현기법이 공존하는 가운데 형태

도 17. 義允, 〈三和尚 眞影〉, 1807년, 絹本彩色, 144×77cm, 통도사 삼성각

도 18. 〈三和尙 眞影〉, 1904년, 綿本彩色, 152×188cm, 선암사

를 과장하거나 장식적인 경향이 강해지면서 더 많은 진영들이 제작되었다. 통도사 삼성각에는 1807년 서봉인총西奉印摠의 증명 아래 의윤義允이 지공指空, 나옹懶翁, 무학無學을 그린 <삼화상 진영>이 봉안되어 있는데, 모두 제1기의 전신의자상을 하고 있으며(도 17). 이는 각각의 화면에 그린 단독상을 함께 봉안한 것으로 관을 쓴 지공은 중앙에 있고, 나옹은 왼쪽에서 오른쪽을 향해 있으며, 무학은 오른쪽에서 왼쪽을 향해 있다. 하지만 얼굴 표현에서 나한을 연상시키는 짙은 검은 눈썹과 콧수염은 다소 과장된 면모를 보여주며, 나옹과 무학의 의자에서 곡선을 강조한 표현이나 장삼 하단의 과장된 옷주름 표현, 바닥에 깔린 돗자리의 화려한 문양 장식 등은 제3기의 특징인 과장된 형태와 장식성이 반영된 것이라고 할 수 있다. 더불어 나옹과 무학의 진영은 동일한 초본을 좌우만 바꾸어 그리고 있어 고승 진영의 획일화 내지 도식화의 양상을 보여준다. 지공, 나옹, 무

도 19. 玉仁, 〈秋坡堂 眞影〉, 1801년, 통도사
도 20. 〈慶坡堂 眞影〉, 19세기 전반, 통도사

학은 조선 초기부터 함께 예배된 전통 때문인지 20세기 초에는 군상으로 발전하였으며, 선암사에서 1904년 조성된 <삼화상三和尙 진영>(도 18)은 그러한 예에 해당된다. 역시 통도사 삼성각의 <삼화상 진영>처럼 하나의 화면에 지공, 나옹, 무학을 전신의자상으로 표현하였지만, 중앙에 위치한 지공을 정면상으로 표현한 것이나 전거를 알 수 없는 그의 복식 표현은 20세기 전반부터 진영의 조형적 전통이 점차 흐트러지기 시작하였음을 알려준다.

다음으로 제3기에 가장 많이 그려진 진영은 제2기의 전신평좌상이면서도 형태를 과장하거나 장식성을 강조한 것인데, 玉仁이 1801년 통도사에서 그린 <추파당秋坡堂 진영>은 그러한 예들 가운데 하나이다(도 19). 화면을 보면 추파당은 돗자리 위에 방석을 깔고 앉아 있는 전신평좌상이며,

도 21. 信謙, 〈雙圓堂 眞影〉, 1820년, 남장사
도 22. 〈錦庵堂 眞影〉, 1864년, 견본채색, 110×76cm, 선암사

그의 옆에는 경전이 놓여 있는 경상을 설치하는 등 제2기의 전형적인 형식을 충실하게 따르고 있다. 더구나 추파당의 예리한 지성을 유감없이 드러낸 사실적 얼굴 표현도 제2기 진영에서 자주 보이는 것으로 주목된다. 하지만 장삼에서 색채 명암으로 옷주름을 과장되게 표현한 것은 제3기의 요소라고 할 수 있다. 또 다른 통도사 소장의 <경파당慶坡堂 진영>은 <추파당 진영>을 원본으로 하여 나중에 그려진 것이며 제3기의 특징적 면모가 더욱 강하게 부각되어 있다(도 20). 두 진영을 비교하면 자세와 복식을 비롯해 옷주름 표현까지 거의 유사하여 동일 초본에 의한 진영의 획일화 양상을 다시 한 번 확인하게 된다. 경파당(1750~1790년대 활약)의 오른손에 108염주를 추가하고 경책이 놓인 경상을 약간 다르게 표현하여 변화를 주었을 뿐만 아니라, 붉은색 가사의 테두리에 금분으로 화려한 꽃모양을

도 23. 〈太虛堂 眞影〉, 19세기 후반, 견본채색, 113.5×77.5cm, 선암사
도 24. 〈大雲堂 眞影〉, 19세기 후반, 견본채색, 124×89.3cm, 선암사

그려 장식성을 강조하였다. 특히 가사의 테두리에 금분으로 그린 화려한 꽃장식은 제3기의 요소로 <경파당 진영>이 20세기 전반에 조성되었을 가능성을 높여준다. 또한 금분의 테두리 장식은 고려 불화의 장식기법을 연상시키는데, 이는 불화의 장식기법을 차용하여 고승 진영의 신격화를 시도했던 제3기의 또 다른 독특한 면모로 주목된다.

　불화승 신겸信謙(1788~1830)이 1820년 그린 남장사 소장의 <쌍원당雙圓堂 진영>에도 제2기의 대표적 형식과 제3기의 새로운 요소들이 절충되어 있다(도 21).[18] 쌍원당(1786~1806 활동)은 화문석 위에서 가부좌한 채 오른쪽을

· ·

18) 경상북도 상주시 남원동에 위치한 南長寺에 소장되어 있었는데 도난당하여 현재는 소재를 알 수 없다. 대한불교조계종 총무원, 『불교문화재도난백서』, 1999, p.38에 '계허당대선사진영'이라 잘못 표기되어 있다. 이 불화를 그린 信謙은 경상북도 四佛山

향하는 제2기의 전신평좌상을 취하고 있다. 하지만 얼굴 표현에서 눈 주위를 옅게 바림하여 음영을 나타낸 것을 비롯해 왼손에 든 주장자拄杖子의 목리문木理文을 세밀하게 묘사한 것, 소매자락과 가사 하단의 옷주름을 비사실적으로 과장되게 표현한 것 등은 제3기의 특징적 요소들이다. 또 다른 예로 1864년 선암사에서 조성된 <금암당錦庵堂 진영>이 있는데, 금암당錦庵堂 천여天如(1794~1878)는 전신평좌상으로 방석 위에 가부좌를 하고 있으며, 옆에는 화엄경이 놓인 다리가 긴 탁자가 묘사되어 있다(도 22).[19] 전반적으로 필치가 능숙하지 못하여 형태가 경직되면서도 과장된 느낌을 주며, 탁자의 표현에서 장식적 면모가 일부 확인된다. 이밖에 선암사 소장의 <태허당太虛堂 진영>도 고승이 문양이 있는 돗자리와 녹색 벽면으로 이루어진 실내에서 염주를 돌리고 있으며, 왼쪽을 향하고 있는 제2기의 전형적인 전신평좌상을 취하고 있다(도 23). 그러나 장삼에서 색채의 명암으로 옷주름을 나타낸 것이나 왼쪽 소매의 도식화된 표현, 가사의 테두리를 불화의 본존 법의 장식에 사용된 꽃모양을 차용해 신격화를 시도한 것 등은 제3기의 특징으로 주목된다.

제3기 중반 이후에는 장식적 요소들이 더욱 극대화되면서 작품의 수준은 약간 떨어지는데, 선암사 소장의 <대운당大雲堂 진영>은 그러한 예에 속한다(도 24). 이 진영은 제1기의 전신의자상으로 오른손은 경전經典으로 보이는 책을 넘기고 있고, 왼손은 용두龍頭가 장식된 불자拂子를 잡고 있다. 하지만 상반신을 길게 그려 신체의 비례가 맞지 않고, 대운당의 앞뒤로 설치된 경상經床과 병풍이 실내 공간을 협소하게 만들면서 고승이 지

書派의 首畵僧으로 1820년 고운사에 산신도를 그리기도 하였다. 김정희, 앞의 논문, pp.73~75.

[19] 錦庵堂은 선암사에서 출가해 화사 道鎰에게 화법을 전수받았으며, 선암사, 송광사, 대흥사 등 호남과 해인사를 비롯한 영남지역 사찰을 중심으로 활동하였다. 『仙巖寺佛畵』, 仙巖寺聖寶博物館, 2005, p.230.

닌 정신세계의 진면목이 드러나는 것을 방해하고 있다. 이밖에 문양이 시문된 등받이와 경상에서 당시 성행한 장식적 경향을 엿볼 수 있다. 끝으로 표충사 소장의 <경파당景坡堂 진영>도 돗자리에 앉은 전신평좌상이지만, 장삼의 과장된 옷주름 표현이나 꽃문양이 가득 그려진 초록색 벽지, 용두龍頭가 장식된 불자 등에서 제3기의 새로운 요소인 형태의 과장법과 장식적 요소가 극대화된 사례를 잘 보여준다(도 25).

도 25. 〈景坡堂 眞影〉, 20세기 초,
絹本彩色, 107.5×76.5cm, 표충사

이상에서 살펴본 것처럼 현전하는 조선 후기의 고승 진영은 크게 세 개의 시기로 구분할 수 있다. 17세기 전반을 하한으로 하는 제1기는 전신의자상이 대표적 유형이며, 고승들은 무배경의 의자에 앉아 받침대에 발을 올려놓거나, 신발을 벗어놓고 의자 위에서 가부좌를 취하고 있는 것이 일반적이다. 또한 고승의 득도한 정신세계를 드러내기 위해 맑은 색채로 엄숙하면서도 차분한 분위기를 연출하는 경우도 적지 않았다. 제2기인 17세기 중반부터 18세기 후반까지는 문파에서 공을 세운 승려나 창건주로 고승 진영의 범위가 확대되면서 의자를 제거한 맨바닥이나 돗자리에 앉아 있는 전신평좌상이라는 새로운 형식이 성립되었다. 또한 배경에 돗자리를 비롯해 경상, 산수 등을 표현하여 공간감을 나타낸 것도 주요한 변화이다. 하지만 이와 동시에 제1기의 전신의자상도 꾸준히 제작되었다. 제3기는 18세기 말부터 20세기 초까지이며 고승 진영이 개별 사찰 중심으로 이루어지면서 더욱 많이 조성되었으며, 제2기의 전신평좌상이 제1기의 전신의자상보다 선호되었다. 세부 표현에서는 형태를 과장하거나 불화를 그릴 때 본존 법의에 사용했던 장식문양을 장삼이나 가사의 테두리에 차용하여 진영의 신격화를 시도한 것도 제3기의 주요한 변화이다. 다음 장에서는 1906년 조성된 대원사 소장의 <진묵대사 진영>이 제3기의 고승 진영에서 차지하는 미술사적 의미와 가치를 조명한 다음, 진영을 그린 불화승 천호天湖의 행적과 계보에 대해 살펴보려고 한다.

Ⅳ. 대원사 소장의 <진묵대사 진영> 분석

<진묵대사 진영>이 대원사에 조성 봉안된 것은, 이미 앞서 서술한 것처럼 18세기 후반 조선의 불교계가 사찰 중심으로 재편되는 과정에서 진묵대사가 대원사의 6창에 기여한 것과 그의 기이한 행적이 후대에 널리 회자되며 지역 사회에서 대중적 신망이 높았던 정황과 밀접한 연관을 가진다. 이 진영은 1890년대부터 1930년대까지 활동한 불화승 진월당振月堂 천호天湖가 1906년 단독으로 그렸으며 현재 대원사의 대웅전 왼쪽 벽면에 걸려 있다(도 1).

이 진영은 장삼과 가사가 지나칠 정도로 풍만하게 과장적으로 묘사되어 신체가 상당히 건장하다는 느낌을 줄 뿐만 아니라 가사와 장삼의 테두리에 각각 박쥐와 꽃문양을 그려 넣어 장식성을 강조함과 동시에 신격화를 시도한 것은 매우 독특한 경우에 해당된다. 특히 가사의 테두리에 그려진 꽃문양 장식은 금산사 말사에서 조성된 <삼세후불탱>의 본존 법의에서 동일한 예들이 보이므로 제3기의 독특한 경향인 고승 진영의 신격화를 뒷받침해줄 뿐만 아니라 불화승 천호天湖의 활동이나 화풍의 연원을 유추하는데 중요한 단서를 제공해준다. 이밖에 <진묵대사 진영>의 하단에 쓰여 있는 화기畵記에는 진영의 조성에 관여한 승려들과 경제적 후

원을 한 인물들의 명단이 실려 있는데, 그 내용을 번역 소개하면 다음과 같다.

> 이 진영은 1906년 윤월(4월) 12일 조성되어 전주부 모악산에 위치한 대원사에 봉안되었다. 淸浩 華日의 證明 하에 振月 天湖가 金魚로 진영을 그렸고, 錦谷 仁昕가 化主로서 모든 과정을 총괄하였다. 시주자는 辛昌甲과 부인 韓씨 大智花, 그의 장자 辛大有(1867 출생)와 며느리 崔 道正花, 둘째 아들 辛判達(1883 출생)과 며느리 鄭 本無實, 딸 辛 通流華. 부인 朴씨(1851 출생)와 손자 崔씨(1902 출생). 부인 朴씨(1858 출생)와 딸 玉珠(1892 출생). 鄭貞翊(1846 출생)과 부인 崔 道日華, 아들 鄭始雄(1870 출생)과 며느리 鄭씨(1884 출생). 또 다른 시주자는 徐春福(1851 출생)과 부인 盧 大慶華. 李興釗와 奉母 金씨(1869 출생)이다. 원하건대 이 공덕이 널리 전하여져 나와 중생이 극락에서 태어나 무량수불을 만나고 모두 성불하기를 바란다.[20]

이를 통해 <진묵대사 진영>은 1906년 윤 4월 12일 전주부 모악산에 위치한 대원사에서 조성 봉안되었으며, 청호화일淸浩華日의 증명證明 하에 진월당振月堂 천호天湖가 단독으로 그렸고, 1886년 함수산 거사와 대원사 대웅전을 중건한 금곡인오錦谷仁昕가 책임자로 제작과정을 총괄하였다는 사실을 확인할 수 있다.

대원사의 진영과 직접 연관된 것은 아니지만, 조선 후기의 여항문인 조

---

[20] "光武十年(1906)丙午閏月十二日造成奉安于全州府母岳山大院寺. 證明比丘淸浩華日. 金魚比丘振月天湖 / 化主比丘錦谷仁昕. 施主秩 乾命辛昌甲 坤命韓氏大智花 長子大有丁卯生 婦崔氏道正花 次子判達癸未生 婦鄭氏本無實 女息辛氏通流華. 坤命辛亥生朴氏 孫子崔氏壬寅生. 坤命戊午生朴氏 女息壬辰生玉珠. 乾命丙午生鄭貞翊 坤命崔氏道日華 子庚午生始雄 婦甲申生鄭氏. 乾命辛亥生徐春福 坤命盧氏大慶華. 乾命李興釗 奉母己巳生金氏. 願以此功德 普及於一切 我等與衆生 當生極樂國 同見無量壽 皆共成佛道."

수삼趙秀三의 문집 『추재집秋齋集』 권8에 있는 「진묵대사영당중수기震默大師影堂重修記」는 19세기 전반 전라도 지역에 <진묵대사 진영>이 봉안된 영당이 존재하였다는 사실을 알려주는 기록으로 중요한 의미를 지닌다.[21] 조수삼이 서술한 진영의 모습이 대원사본과, 장삼과 가사 표현에서 고식古式을 보이는 성모암본 가운데 어느 쪽에 근접한지는 현재로서 알 수 없지만, 19세기 전반 전라도에 진묵대사의 진영을 봉안한 영당이 존재하였음을 알려준다. 그리고 현재 대원사에 소장되어 있는 <진묵대사 진영>은 원본이 훼손되면서 천호天湖가 1906년 다시 옮겨 그렸을 가능성도 배제할 수 없는 상황이다.

화면에서 진묵대사가 전신평좌상으로 돗자리 위에 앉아 오른쪽을 향하고 있는 것이나, 배경이 돗자리와 내용을 알 수 없는 병풍에 의해 바닥과 벽면으로 명확하게 구분된 것은 제2기의 전형적인 형식을 따른 것이다. 왼손은 용머리 형상이 장식된 주장자拄杖子를 잡고 있고, 오른손으로는 목리문木理文이 선명한 커다란 염주를 돌리고 있다. 푸른색 장삼과 붉은색 가사의 옷주름은 서양화법의 영향으로 굴곡에 따라 색채의 명암을 달리하며 입체감을 나타내고 있다. 특히 진묵대사의 신체가 다른 진영에 비해 건장한 청년처럼 과장된 것이나, 장삼의 테두리에 보석과 박쥐 문양을 그린 것은 동시기의 다른 진영에서는 찾아보기 어려운 독특한 표현으로 주목된다(도 26). 일반적으로 박쥐는 오복五福의 상징으로 경사와 행운을 의미하기 때문에 당시 일반회화를 비롯해 공예품에 널리 사용된 길상적 도상이다.[22] 그러므로 장삼의 테두리에 부귀영화와 장수를 상징하는 박쥐와 보석을 그린 것은, 고승 진영이 단순한 제의적祭儀的 용도가 아니라 대

· · · · · · · · · · · · · · · · · · · ·

21) 원문은 註 7 참조.
22) 박쥐는 壽, 富, 康寧, 收好德, 考終命의 오복을 상징하며, 하얀 박쥐는 천년 묵은 것이라 하여 잡아먹으면 장수한다고 믿었다. 붉은 박쥐(황금박쥐)는 사악한 기운을 막아주고 큰 복을 가져다주는 것으로 인식되었다.

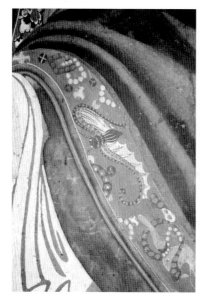
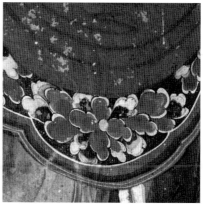

도 26. 天湖, 〈震大師 眞影〉 부분(보석과 박쥐),
1906년, 대원사
도 27. 天湖, 〈震大師 眞影〉 부분(꽃문양), 1906년,
대원사

중의 현실적 소망을 기원하는 신앙대상이 되면서 이러한 조형적 변화가
나타난 것이라 생각된다. 다시 말해 19세기로 갈수록 불교가 급속히 민중
화되면서 고승 진영은 인간의 모습을 하고 있다는 점에서 친숙한 신앙의
대상으로 성격이 바뀌었다고 할 수 있다.

이러한 사실은 진묵대사가 착용한 가사의 테두리에 그려진 꽃문양 장
식에 의해서 더욱 분명해진다(도 27). 꽃문양은 초록색 바탕에 붉은색과 푸
른색으로 그린 다음 하얀색으로 마무리하여 감각적인 면모를 보여준다.
이와 동일한 문양이 대원사 대웅전의 삼존불 뒷면에 걸려 있는 〈삼세후
불도三世後佛圖〉(20세기)의 본존인 석가모니 법의와 1908년 조성된 〈칠성
도七星圖〉의 치성광불熾盛光佛 법의에서도 발견된다(도 28, 29). 또한 대원사
처럼 금산사 말사인 천황사天皇寺에서 1893년 조성되어 대웅전에 봉안된
〈삼세후불도〉를 비롯해 위봉사威鳳寺에서 1897년 조성되어 보광명전普光
明殿에 있는 〈삼세후불도〉, 숭림사崇林寺에서 1913년 조성되어 보광전普光

도 28. 〈三世後佛圖〉 부분, 20세기, 綿本彩色, 222.5×245cm, 대원사
도 29. 〈七星圖〉 부분, 1908년, 綿本彩色, 160.5×141.2cm, 대원사

殿에 있는 〈삼세후불도〉의 석가모니 법의에서도 동일한 꽃문양이 확인
된다(도 30, 31). 이러한 불화에 있는 화기畵記를 통해 당시 제작에 참여한
불화승들을 알 수 있는데, 이것을 정리하면 다음과 같다.[23)]

〈금산사 말사를 중심으로 활동한 불화승〉

사찰과 작품명	조성 연도	首畵僧	出草
천황사, 삼세후불탱	1893	錦湖 若效, 睿庵 祥玉, 融波 法融	文性, 萬聰, 暢雲, 東守, 尙悟, 千手, 敬眞 등
위봉사, 삼세후불탱	1897	龍俊 玩海堂	萬聰, 尙昕, 暢雲, 德元
숭림사, 삼세후불탱	1913	定淵	尙悟, 萬聰, 奉仁, 大興, 昌浩

이를 통해 불화 제작에 있어서 수화승首畵僧을 지낸 금호錦湖, 용준龍俊,
정연定淵을 중심으로 만총萬聰, 상오尙昕 등이 참여했던 불화에 대원사 소
장 〈진묵대사 진영〉의 가사 테두리에 있는 것과 거의 동일한 꽃모양이

23) 『韓國의 佛畵』 13 金山寺 本末寺篇, 聖寶文化財硏究院, 1999, 도 7, 10, 11, 12, 83
의 畵記를 참조하여 작성한 것임.

도 30. 〈三世後佛圖〉 부분, 1897년, 綿本彩色, 363.5×283cm, 위봉사 보광명전
도 31. 〈三世後佛圖〉 부분, 1913년, 綿本彩色, 331×249cm, 숭림사 보광전

그려진 사실을 확인할 수 있다. 더구나 정연은 <진묵대사 진영>을 그린 천호가 1907년 남장사에서 <신중도>를 그릴 때 <아미타후불도阿彌陀後佛圖>의 조성에 참여하였고, 1908년에는 남고사의 <지장도地藏圖> 조성에 천호와 함께 그림을 그리기도 하였다.24)

결국 대원사의 <진묵대사 진영>에서 가사의 테두리에 표현된 문양은 금산사의 부속 말사에서 제작된 여러 불화에서 동일하게 보이므로 금산사 말사를 중심으로 활동한 불화승이 즐겨 사용한 독특한 문양이었다고 할 수 있다. 이처럼 불화에서 본존의 법의를 그릴 때 사용했던 문양을 고승 진영의 가사에 차용하였다는 사실은 고승 진영의 신격화와 연관이 있는 것으로 해석된다. 또한 일반 불화에 사용된 특정 문양을 고승 진영의 복식에 그대로 적용한 유사한 예로는 18세기 말엽 통도사에서 조성된

24) 定淵과 관련한 활동은 안귀숙·최선일, 『朝鮮後期 僧匠 人名辭典: 佛敎繪畫』, 양사재, 2008, pp.457~461.

<태허당 진영>을 꼽을 수 있다(도 23). 더구나 <진묵대사 진영>이 진영각眞影閣이나 영각影閣이 아닌 사찰의 주요 전각인 대웅전에 걸려 있다고 하는 사실도 제례용에서 신앙대상으로 고승 진영의 역할이 바뀌어 가고 있었음을 뒷받침해준다.

끝으로 대원사의 <진묵대사 진영>을 단독으로 그린 진월천호振月天湖는 1892년 수화승首畵僧 연하계창蓮河啓昌과 함께 전라북도 익산에 위치한 심곡사深谷寺의 <아미타후불도>를 제작하는데 참여하면서 비로소 모습을 나타낸 불화승이다. 그는 청허휴정淸虛休靜의 13세손世孫으로 금파관순金波冠淳, 기봉경율奇峰敬律, 용은맹윤龍隱孟允의 계보를 이었으며, 제자 춘담재환春潭在煥을 거쳐 일봉경보一鵬京保(1914~1996)로 지속되었다.25) 천호天湖는 1906년 단독으로 진묵대사 진영을 그린 이후인 1907년과 1908년에 각각 전라북도 전주에 위치한 남고사南固寺의 <신중도>와 <지장도>를 조성하는데 참여하였다. 1912년부터는 수화승으로 전북 익산에 위치한 문수사文殊寺의 <독성도獨聖圖>를 비롯해 1914년 문수사의 <산신도山神圖>, 1932년 문수암文殊庵의 <아미타후불도> 등을 제작하였다.26) 이를 통해 천호天湖는 금산사 말사를 중심으로 활동한 불화승들 가운데 한 명이었으며, 그가 진묵대사의 진영을 그리면서 금산사 말사에서 조성된 불화에 보이는 동일한 꽃문양을 차용한 것은 당연한 결과였다고 할 수 있다.

대원사의 <진묵대사 진영>은 제2기 유형인 전신평좌상으로 배경에는 돗자리와 병풍으로 공간감을 나타내었다. 하지만 진묵대사의 신체를 과장되게 표현한 것이나 복식의 테두리에 표현된 박쥐와 꽃문양은 제3기에

....

25) 송광사의 고경 스님께서 초면의 필자에게 振月 天湖의 계보와 그의 曾翁師 金波 冠淳의 진영이 일본의 高麗美術館에 소장되어 있다는 귀중한 자료를 알려주신 것에 대해 진심으로 감사드린다.
26) 天湖의 불화 제작과 관련한 활동 내용은 안귀숙·최선일, 앞의 책, p.538;『韓國의 佛畵』13 金山寺 本末寺篇, 聖寶文化財硏究院, 1999.

나타나는 요소들이다. 특히 장삼의 테두리에 그려진 박쥐와 보석은 예배를 통해 추구했던 대중의 현실구복적 성향을 시각화한 것으로 이례적이며, 가사의 테두리에 그려진 꽃문양은 당시 금산사 말사에서 조성된 불화의 본존 법의에 사용된 것으로 고승 진영의 신격화라는 새로운 경향을 유추하는데 중요한 단서를 제공해준다.

V. 맺음말 : 대원사 고승 진영의 미술사적 의미와 가치

조선 후기의 고승 진영은 원래 조사신앙을 배경으로 조성되어 제자나 문파에 의해 예배되었으나, 19세기로 갈수록 불교의 대중화가 급속하게 전개되면서 진영당眞影堂, 영각影閣, 영자전影子殿, 조사전祖師殿 등에 봉안되어 있던 고승 진영이 사찰의 중심인 대웅전으로 옮겨져 일반 대중의 신앙대상이 되면서 신격화의 양상을 보인다. 일반 초상화와 마찬가지로 고승 진영도 그들의 정신세계를 표현하는데 중점을 두었지만, 불화를 그린 불화승이 주로 제작하였기 때문에 기존에 그려진 원본을 근간으로 약간만 변화를 주어 반복 제작되었다. 이러한 것은 고승 진영이 일반 초상화에 비해 획일화의 양상이 두드러진 가장 커다란 원인이기도 하다. 시기별로 구분하면 제1기에 해당되는 17세기 전반까지의 고승 진영은 무배경에 의자에 앉아 있는 전신의자상으로 그려졌다. 제2기인 17세기 중반부터 18세기 후반까지는 고승이 맨바닥이나 돗자리 위에 앉아 있는 전신평좌상이 새롭게 완성되었고, 배경에 돗자리나 경상, 산수 등을 그려 넣어 공간감을 나타내었다. 제3기인 18세기 말부터 20세기 초까지는 제1기와 제2기의 유형을 기본으로 하면서 세부 표현에서 형태를 과장하거나 장식적 요소를 추가하여 변화를 시도하였지만 도식화의 경향이 가속화되는 한계를 보인다.

　대원사 소장의 <진묵대사 진영>은 금산사 말사를 무대로 활동했던 불화승 천호天湖가 1906년 그린 것으로 제3기의 특징적 변화를 잘 보여준다. 전반적으로 제2기의 대표적 유형을 근간으로 하였지만, 의복을 풍성하게 표현하여 신체를 과장한 것이나 장삼과 가사의 테두리에 장식문양을 표현하여 길상성과 장식성을 강조한 것은 제3기의 전형적인 특징들이다. 특히 장삼의 테두리에 보석과 박쥐를 그린 것은 이례적인 것으로, 당시 대중이 추구했던 오복五福의 염원을 고승 진영에 적극 표현하였다는 점에서 일반 회화의 영향이 감지된다. 이와 더불어 가사 테두리의 꽃문양은 대원사의 <삼세후불도>와 <칠성도>를 비롯해 천황사天皇寺, 위봉사威鳳寺, 숭림사崇林寺에서 조성된 <삼세후불도>의 본존 법의에 그려진 것과 거의 동일하다. 따라서 불화에 사용된 문양을 고승 진영에 차용한 것은 19세기에 이르러 불교가 민중화 되면서 고승 진영도 대중의 신앙대상이 되었던 당시 불교계 변화와 밀접한 연관이 있는 것으로 보인다. 결론적으로 대원사의 <진묵대사 진영>은 제3기의 독특한 표현, 즉 장삼의 테두리에 박쥐와 보석을 표현하여 길상성을 추구한 것이나 가사의 테두리에 불화의 본존 법의에 사용된 꽃문양을 그려 장식적 효과를 나타냄과 동시에 신격화를 시도한 것은 불교의 대중화라는 당시 불교계의 변화를 직설적으로 시각화하였다는 점에서 미술사적 의미와 가치를 지닌다고 할 수 있다.

참고문헌

도록·보고서

대한불교조계종 총무원, 『불교문화재도난백서』, 1999.

『仙巖寺 佛畵』, 仙巖寺聖寶博物館, 2005.

『全國寺刹所藏 高僧肖像畵報告書』, 문화재관리국, 1990.

직지성보박물관, 『깨달음의 길을 간 얼굴들: 한국고승진영전』, 2000.

『韓國의 佛畵』 13 金山寺 本末寺篇, 聖寶文化財研究院, 1999.

『韓國의 佛畵』 22 桐華寺 本末寺篇 (下), 聖寶文化財研究院, 2001.

『韓國의 佛畵』 23 孤雲寺 本末寺篇 (上), 聖寶文化財研究院, 2001.

『韓國의 佛畵』 24 孤雲寺 本末寺篇 (下), 聖寶文化財研究院, 2001.

『한국의 사찰문화재』 경상북도 Ⅱ, 문화재청·불교문화재연구소, 2008.

『한국의 사찰문화재』 광주광역시·전라남도 Ⅰ, 문화재청·문화유산발굴조사단, 2006.

『한국의 사찰문화재』 부산광역시·울산광역시·경상남도 Ⅱ, 문화재청·불교문화재
연구소, 2010.

논문·저서

김정희, 「조선후기 畵僧의 眞影像」, 『講座美術史』 35, 2010, pp.69~113.

김형우 글, 윤열수 사진, 『고승진영』, 대원사, 1990.

_____, 「한국 고승진영의 조성과 봉안」, 『韓國의 佛畵』 禪雲寺 本末寺篇, 聖寶
文化財研究院, 1990, pp.185~200.

안귀숙·김성희·유마리 공저, 『朝鮮朝 佛畵의 研究』 2 地獄系 佛畵, 한국정신문화
연구원, 1993, pp.1~111.

_____·최선일, 『朝鮮後期 僧匠 人名辭典: 佛敎繪畵』, 양사재, 2008.

이은희, 「朝鮮 壬辰倭亂 僧將 三和尙의 眞影 研究: 淸虛·四溟·騎虛 眞影을 중심
으로」, 『다시 보는 우리초상의 세계』, 국립문화재연구소, 2007, pp.172~203.

李一影 編, 『震默大師小傳』, 保林社, 1983.

정명희, 「화엄사의 불교회화」, 『화엄사의 불교미술』 불교미술연구 조사보고 제2집,
국립중앙박물관, 2010, pp.7~45.

정우택, 「조선왕조시대 후기 불교진영」, 『다시 보는 우리초상의 세계』, 국립문화재
　　　연구소, 2007, pp.144~166.
조선미, 『초상화연구: 초상화와 초상화론』, 문예출판사, 2004, pp.111~112.
_____, 『한국의 초상화』, 돌베개, 2009.
최　엽, 「한국 근대 불교진영」, 『불교미술사학』 6, 통도사 불교미술사학회, 2008.

『진묵대사유적고』에 보이는 경전명과 그 의미

이선이(태경) 홍익대학교 강사

❖ 이 논문은 동북아불교미술연구소와 문화유산연구소에서 개최한 [모악산 대원사의 문화유산] 학술대회에서 발표하고, 『정토학연구』 16, 한국정토학회, 2011에 기고한 것을 수정·보완하였다.

I. 머리말

옛 사람들에 대한 영웅담이나 신통력 등의 이야기는 지방에 따라 다양한 이야기를 만들어 가며 입에서 입으로 전한다. 이를 구비문학口碑文學 또는 일반적으로 설화說話라고 한다. 이들은 시간이 지나면서 재생산되기도 하며 새로운 양상으로 변화되기도 한다. 설화는 공동생활 속에서 자연발생적으로 형성된 문학이다. 전문적인 작가가 만든 것은 아니지만, 민중의 역사, 관습, 신앙, 세계관 등을 공통으로 향유하며 지역성을 드러내고, 그 속에 문학적인 흥미와 교훈이 들어있다.

특히 이러한 설화가 종교적인 성격을 가지면 종교설화라고 부른다. 우리나라는 삼국시대에 불교가 전래된 이후에 불교와 관련한 많은 설화를 탄생시켰다. 이 서사문학은 불교의 사상이나 교리를 중심으로 문학적 상상력을 형상화하여 민중을 교화하는 방편으로 삼았다. 이를 황패강은 '민중교화의 방편으로 부처의 참모습을 형성하여 귀의심을 일으키게 하려는 목적'이라고 하였다.[1] 그러나 불교설화는 불교설화로 끝나지 않았다.

불교는 철학 이전에 종교로서 분명하게 그 역할을 하고 있기 때문에, 민중들이 요구하는 현실적인 문제들을 담보하는 것이 첫번째 역할이다. 방편으로 현실적인 문제들을 부처님의 가피加被, 고승들의 영이靈異한 능력, 보살행菩薩行 등을 통해서 보다 구체화 시키고 있다. 이런 현상들은 고승전류에서는 10과科 중에 '감통感通'편을 두고,[2] 『삼국유사』도 '감통感

----

1) 황패강, 『신라불교설화연구』, 일지사, 1986, pp.12~13.
2) 唐 道宣(596~667)스님이 찬한 『續高僧傳』의 10科는 翻譯, 解義, 習禪, 明律, 感通, 遺身, 讀誦, 護法, 興福, 雜科이며, 앞의 8과는 修慧이며, 뒤의 9·10은 修福이다.

通', '신주神呪'편을 두어3) 인간으로서는 할 수 없는 여러 가지 일을 신이로 극복하고 있음에서도 알 수 있다.

그리고 구체화는 시간이 지남에 따라 상상력이 가미되고 지역성과 습합하면서 확장 또는 축소가 되기도 하며, 같은 이야기가 대립 양상으로 나타나기도 한다. 이렇게 많은 이야기들이 재생산되는 현상은 아마도 조선후기에 나타나는 유불교섭과 호남지역의 사상계 흐름 속에서 발생하였을 것이다. 때문에 이런 현상들을 상징적인 교섭 작용으로 보아, 언어를 담지하고 있는 근원을 찾아 그 이해에서 출발하는 것이 타당할 것이다. 만약 불교설화라면 당연히 경전이 원천이 될 것이다.

설화적인 다양한 형태의 이야기가 있고, 경전적인 근거를 제시하고 있는 이야기는 아마도 진묵(1562~1633)스님에 관한 설화가 유일하다고 본다. 진묵스님의 행장에 대하여 자세하게 알려져 있지는 않다. 그러나 이야기 중심에 스님이 있으며 구전으로 많은 이야기를 재생산하며 오랜 생명력을 지니고 있는 진묵대사는 항상 관심의 대상이었다. 전하는 이야기 속에서 그 단초를 경전에서 찾으려고 하는 자료로는 『진묵선사유적고震默禪師遺蹟攷』(이하 『유적고』라고 함)를 대표로 들 수 있다. 초의의순(1786~1866)이 지은 『진묵선사유적고』에서는 『비화경』의 인행因行과 대사의 인행이 같다고 하기 때문이다.

진묵대사에 관한 자료는 설화적인 이야기 단편들을 포함하여 대부분 구비문학의 성격을 가진다. 또 이야기들은 모악산을 매개로 재생산되거나 재편되는 특징을 가지기 때문에 진묵대사에 관한 연구도 설화에서 출발하고 있다. 그러므로 연구 성향도 모악산과 관련되는 신앙형태와 원불교를 창시하는 소태산 박종빈(1981~1943)을 규명하려는 노력의 성과물 등

----

3) 一然(1206~1289)스님이 찬한 『삼국유사』의 10科는 王曆, 紀異, 興法, 塔像, 義解, 神呪, 感通, 避隱, 孝善이다.

이 대부분이다.

근대 불교자료에서 진묵대사에 관한 자료는 단편적으로 확인되나, 대부분은 효孝나 유교적인 사상을 평가하려고 노력하였다. 진묵대사에 관한 본격적인 연구는 석사학위 논문으로 김명선의 「진묵대사 설화 연구」 (1992)와 고석훈의 「진표·진묵이야기의 특질과 전승 양상」(2001)에서 출발한다. 이후 박윤호의 「진묵 일옥 일화 연구」(2005), 정륜의 「모악산과 불교」 (2006), 김방룡의 「설화를 통해본 진묵일옥의 삶과 사상」(2006), 최경현의 「완주 대원사 소장 <진묵대사진영>에 대한 소고」(2011), 황의동의 「진묵대사와 유교와의 대화」(2011) 등의 논문이 발표되었다. 그러나 이들의 연구도 설화적인 입장과 유교적인 관계를 규명하려는 접근 경향은 크게 벗어나지 않는다. 다만 황의동은 그간의 연구업적을 총망라하여 유불도의 교섭이 아닌 회통을 규명하였고, 최경현은 다양하게 그려진 진묵대사의 진영을 분석하여 불화에서 기법을 차용하는 장식적 효과와 신격화의 시도는 불교의 대중화라고 주장한다. 그렇지만 아직까지 출가자로서 진묵스님이 가지는 불교사상이나 이야기가 재생산되는 이유를 드러내려는 시도는 보이지 않는 것 같다.

따라서 본 논문은『한국불교전서』제10권에 실려 있는『진묵선사유적고』를 저본으로 하여, 초의의순이 드러내려고 한 진묵의 모습을 재구성하는 것이 목적이다. 또한 본 논문을 전개하는데 있어 설화적인 이야기는 가능한 배제하며『유적고』와『비화경』을 중심으로 분석하기로 한다. 먼저『유적고』를 만드는데 관여한 인물들을 살펴보고, 둘째는 초의스님이 인용한 경전의 내용을 분석하여 그 의도를 파악한다. 그리고 편찬자들과 경문의 의미를 연결하여 진묵에 대한 평가와 의의를 드러내 보기로 한다.

Ⅱ. 『진묵선사유적고震默禪師遺蹟攷』와 편찬자

1. 『유적고遺蹟攷』의 구성과 특징

『진묵선사유적고』는 상·하 2권으로 되어 있으나, 하권은 전량이 부록의 형태를 취한다. 상권에는 2편의 서문, 20여 가지 신통한 이야기, 석가여래인지釋迦如來因地의 이야기가 있고, 하권에는 영당중수기影堂重修記와 4편의 발문이 있다. 제목을 정리하면 구성은 아래와 같다.

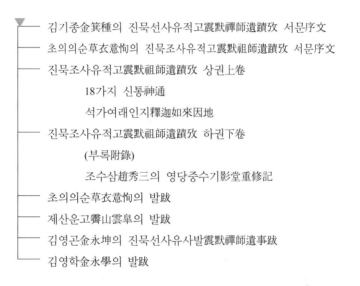

```
     ── 김기종金箕種의 진묵선사유적고震默禪師遺蹟攷 서문序文
     ── 초의의순草衣意恂의 진묵조사유적고震默祖師遺蹟攷 서문序文
     ── 진묵조사유적고震默祖師遺蹟攷 상권上卷
              18가지 신통神通
              석가여래인지釋迦如來因地
     ── 진묵조사유적고震默祖師遺蹟攷 하권下卷
              (부록附錄)
              조수삼趙秀三의 영당중수기影堂重修記
     ── 초의의순草衣意恂의 발跋
     ── 제산운고霽山雲皐의 발跋
     ── 김영곤金永坤의 진묵선사유사발震默禪師遺事跋
     ── 김영학金永學의 발跋
```

위의 표에서 진묵스님에 대한 호칭이 선사禪師와 조사祖師를 혼용하고 있음을 알 수 있다. 이 글을 지은 초의스님은 '조사祖師'라고 쓰고 있으며, 나머지는 모두 '선사禪師'라고 부르고 있다. 아마도 출가자의 입장에서는 법통을 강조하고, 재가자의 입장에서는 『삼국유사』에 '신주神呪'편이 있듯이 선사로서 어떤 신이로움을 생각하게 하는 경향이 있어 보인다.

특히 영당중수기는 유학자 조수삼趙秀三에 의해 기록되었다. 자는 지원芝園이며 문장과 시에 능하였으며, 한양 시정市井 주변의 예능인 71인의 행적을 시로 적은『추재기이秋齋記異』가 있다. 그의 시는 초기에는 생활주변과 자연을 소재로 하여 대상과의 조화를 추구하였으며, 후반에는 사회현실을 사실적으로 묘사한 장편시들이 많이 등장한다. 조수삼의 이러한 시 경향은 발문에도 그대로 나타난다. 중수기는 진묵스님이 태어날 때 산천초목이 3년 동안 마른 이야기로부터 그에게 전하는 신비스러운 일, 그리고 발문을 쓰게 된 인연을 적고 있다. 반면 초의스님이 쓴『유적고』에는 진묵의 20여 가지 신이를 기록하고, 석가여래인지에서는 진묵의 과거 숙인宿因을 설명한다.

이러한 내용 구성으로 볼 때,『유적고』의 중심 주제는 진묵스님 주변에 얽혀있는 여러 이야기를 정리한 것임을 알 수 있다. 기록의 사실이 역사적 사실임을 강조하기 위해 '고攷'를 넣고 제목을 '유적고遺蹟攷'라고 하였을 것이다.

2. 『유적고遺蹟攷』를 만든 사람들

『진묵대사유적고』에는 서문과 발문을 짓고 내용을 지어 실제 이름을 올리고 있는 사람은 모두 6명이다. 서문을 지은 김기종과 초의스님,『유적고』를 쓴 초의스님과 교정을 본 제산스님, 중수기를 쓴 조수삼, 판각과 인출에 힘쓴 김영곤, 경비를 조달한 김영학이다. 이 중 행장을 조금이나마 알 수 있는 사람은 초의스님, 제산스님과 조수삼뿐이다. 김기종金箕種·김영곤金永坤·김영학金永鶴 등은 생몰연대나 행장을 알 수 없지만, 남긴 글을 통해『유적고』를 지은 이유와 그들의 관계를 밝혀보자.

1) 초의草衣스님

초의의순(1786~1866)은 조선시대 후반을 선승으로 살았으며 많은 저술을 남기고 있다. 초의스님은 1831년 청량선방에서 정조(1752~1800)의 외동사위인 홍현주洪顯周(1793~1865)와의 만남을 계기로 지어진『동다송東茶頌』, 백파긍선(1767~1852)이 참선수행법을 논한『선문수경禪文水鏡』을 비판하며 지은『선문사변만어禪門四辨漫語』,『동다송』을 짓는 이유와 원래의 이름이『동다행東茶行』임을 밝히는『문자반야집文字般若集』,[4]『초의시고草衣詩藁』등이 있다.

초의스님은 서문 '진묵조사유적고서震默祖師遺蹟攷序'에서 진묵스님을 보혜범지寶慧梵志였을 때 500가지 서원을 내고 이 세상에 오는 석가여래로 표현한다. 그리고 예증으로 유마거사, 보지寶誌선사, 선혜善慧대사를 들고 있다. 유마거사는 금속金粟여래의 후신이며, 보지寶誌선사는 관음불의 응신이며, 선혜善慧대사는 미륵불의 응신이며, 진묵대사는 석가여래의 응신이라고 한다. 또 진묵스님이 동국에 나타났다는 것이다.[5]

예와 같은 인지因地의 현화가 진묵스님에게도 있다고 하고, "진묵조사유적고"라고 하여 진묵스님의 신의를 기록한 것이다. 그리고 "석가여래인지"라는 제목으로 화연하는 연원을 밝히고 있다. 발문에서는 책을 만들게 된 경위도 밝힌다. 초의스님은 김기중을 임인년(1842) 완산에서 만나 진묵스님의 행적을 산문에 보존하기 위해 만들기로 한다. 6년이 지난 정미년(1847)에 기문(記文)을 부탁받았으며, 구비口碑의 내용을 적어 운고스님에게 전하여 김기중에게 전달한 것을 알 수 있다.

이와 같은 기록은 1842년 진묵스님의 이야기를 모아 책으로 만들기로 한 계획이 김기중이 서문을 쓰는 1850년에 마침을 알 수 있다. 약 8년의

----

4) 박동춘,「초의선사의 다문화관 연구」, 동국대학교 박사학위논문, 2010.
5) 초의,『震默禪師遺蹟攷』, 한불전 10, p.877중.

시간이 걸렸다. 초의스님이 초문을 쓰고도 3년이 지나 결실을 맺은 것이다. 후에 논하겠지만 제산스님의 발문에서는 이보다 8년 늦게 판각한 것으로 기록하고 있다. 오랜 기간에 걸친 불사이지만, 초의스님이 바라보는 진묵은 동국에서 서원誓願의 응신應身으로 화현하는 석가여래인 것에는 변함이 없다.

2) 조수삼趙秀三

조수삼(1762~1849)은 초명(아이일 때 이름)이 조경유이며, 자는 지원芝園·자익子翼이며 호는 추재秋齋·경원經畹이다. 통치계급의 착취에 항거하는 문인들의 모임인 여항시인閭巷詩人들과 함께 창작활동을 하였으며, 당대 문장가인 이덕무, 조희룡 등과 교우하였다. 재능과 조예는 겸비하였으나 낮은 신분으로 출세의 길은 막혀 있었다. 이러한 현실은 비판하였지만 봉건제도를 부정하고 농민들의 이익은 대변하지 못하는 현실의 한계를 가지고 있다.

낮은 무관말직으로 정조 13년(1789) 이상원李相源과 함께 중국에 다녀왔으며, 이후 6차례나 연행燕行하였다. 또 국내 산천을 여행하며 많은 작품을 남겼다. 시문을 실은 『추재집秋齋集』과 『추재시초秋齋詩抄』가 있고, 서민 출신의 예술인들이 생활하는 시정市井의 이야기를 담은 『추재기이秋齋紀異』가 있다. 비록 신분은 낮았지만, 그의 재능에 대해서는 풍모, 시문詩文, 과문, 의학醫學, 바둑, 글씨, 좋은 기억력, 담론談論, 복택福澤, 오래 사는 것 등의 10가지 복福을 갖추었다고 평가한다.

3) 제산霽山스님

운고雲皐스님은 정확한 생몰연대와 행장, 사상 배경을 알 수 있는 자료는 별로 없다. 다만 호를 제봉霽峰 또는 제산霽山이라 하였으며, 전주 위봉사威鳳寺에 머무르기도 하였고, 초의와 함께 『진묵조사유적고』을 교정한 정도만이 알려져 있다. 진묵의 영정을 모신 봉서사鳳棲寺에 잠깐 머무르며 벽에 걸어 놓고 향을 사르며 예불을 올린 인연이 있었다.6) 이런 인연으로 은고隱皐 즉 김기종金箕種의 부탁으로 행장을 쓰게 된다. 그런데 제산스님의 발문에는 김기종은 서문을 쓰고 죽었기 때문에, 그의 아들 영곤永坤이 선친의 뜻을 이어 발문을 부탁함과 1857년에 판각한 내용을 적고 있다.

4) 『진묵선사유적고』의 발행

『유적고』 전체 서문을 쓴 김기종은 유학자로서 글을 쓰는 이유를 서문 첫머리에서 이유를 다음과 같이 밝힌다.

▼ 儒道는 佛道와 같지 않다. 그러나 유학자 나는 자주 불자[浮屠]와 노닐며, 불자들은 유학자와 노니는 것은 이름이 더욱 드러나기기 때문이다.7)

유교와 불교는 같지 않은 곳에 같음이 있다고 스스로 밝히며, 서문을 짓는 것은 이름이 남는 것이라고 한다. 진묵의 상대역으로 나오는 봉곡鳳谷은 사옹沙翁의 수제자이고, 진묵은 여래의 응신應身이다. 그리고 죽음에 대하여 스님으로 유학을 아는 사람이 몇몇이 안 되는데 스님만이 유불儒佛을 겸했다고 한다.8) 이렇게 '동어부동지중同於不同之中'에 있다고 하는 이유는 출가자임에도 불구하고 절 근처에 어머니를 모셨으며, 돌아가신 후에도 글을 지어 슬퍼하고 곡哭을 하였던 것을 가리킨다. 즉 유가에서 가리키는 효孝를 실행하였다는 것이며, 이 일을 봉곡이 '유행자儒行者'라고

....

6) 초의, 『震默禪師遺蹟攷』, 한불전 10, p.883하., "壁上揭一幅影幀 遂焚香頂禮."
7) 초의, 『震默禪師遺蹟攷』, 한불전 10, p.876하., "儒與佛道不同 然吾儒氏 往往與浮屠遊 而浮屠之從儒氏遊者 名益著."
8) 초의, 『震默禪師遺蹟攷』, 한불전 10, p.877상., "僧而有儒行者幾希 而師能兼之."

하였다는 것이다.

그래서 김기종은 유불 모두를 잘 아는 진묵대사의 자료를 모으고, 이를 초의스님에게 찬찬撰과 편편編을 부탁하고, 운고스님에게는 말을 살피게 하여 이 책을 만들게 되었다고 인연을 밝힌다. 인지因地에서 나타나는 '영이로운 사실의 일[靈異事蹟]'은 조수삼의 중수기와 초의스님의 기록에 자세하여 자신의 글이 마지막에 쓰여졌음을 밝히고 있다.

김기종이 주관하며 『유적고』를 만든 것은 출가자인 진묵대사의 효행孝行이 유가儒家에서 행하는 효孝와 부합한다는 주장이다. 이러한 이유로 책의 출판이 계획되지만, 출간하지 못하고 8년이 지나서 햇빛을 보게 된다. 김기종은 『유적고』의 서문에서 초의스님에게는 『유적고』를, 조수삼에게는 중수기를 부탁한 것을 밝혔다. 그리고 서문을 쓴 날짜를 "상장엄무上章閹茂"로 적고 있으므로 고갑자古甲子 술戌에 해당하는 경술庚戌년 즉 1850년에 『유적고』가 완성되었음을 알 수 있다.

이와 같은 근거로 현재 『유적고』의 발행연도를 1850년으로 정하고 있다. 그러나 제산스님의 발문에는 약간 다른 이야기가 있어 주목된다. 제산스님의 발문에 의하면 김기종의 아들인 사마영곤이 제산스님에게 판각을 부탁하고 발문을 써주기를 청하고 있다.

> ▼ 이력저럭 지내는 사이에 공(公)의 무덤 풀은 묵었다. 그 후 8년이 지난 丁巳년에 공의 아들 사마 영곤(永坤)이 선친의 뜻을 이을 수 있었다. 마침내 글을 새길 수가 있어서 나의 한마디를 후에 필요하게 되었다.[9]

위의 내용으로 보아 정사丁巳년은 1857년이 된다. 그런데 김기종의 서문에서는 1850년에 글을 쓴 것으로 되어 있다. '공公의 묘墓'가 8년이 지

---

[9] 초의, 『震默禪師遺蹟攷』, 한불전 10, p.883하., "俛仰之間 公之墓草已宿矣 後八年 丁巳 公之胤子司馬永坤氏 能繼先志 始克鋟梓 要余一言於後."

난 것이므로 1850년 김기종은 판각을 마치지 못한 것이 된다. 김기종이
생을 맺은 해가 1850년이 되며, 그의 아들 영곤이 1857년 선친의 뜻을 이
어 판각을 마치고 인출한 것이 된다. 실재로 『진묵선사유적고』는 1857년
에 판각된 것이다.

5) 김영곤金永坤·김영학金永鶴의 발문

이 두 사람의 발문은 부록의 형태를 취한다. 김기종이 초의스님과 제산
스님에게 글을 부탁하는 내용이 있으며, 판각하는 전말을 밝혔다. 김영곤
은 돌아가신 아버지 김기종의 뜻을 이어 판각하였으며, 봉서사 영정이 걸
린 탁자 밑에 간직하여 오래전하기를 바라고 있다.

김영학의 발문에는 부 김기종은 유儒와 효孝로 서문을 쓴 뜻, 중형인 김
영곤이 발문을 지은 이야기로 인해 감동하여 마음을 내었다고 한다. 즉
판각에 필요한 경비는 모두 김영학이 담당했던 것이다. 김기종·김영곤·
김영학 등 부자가 대를 이어 『진묵사대유적고』를 간행하고자 발원하여 약
15년 간의 노력으로 결실을 맺었다. 발문의 내용으로 보아 『진묵대사유적고』
는 정사년(1857)에 완성하여 판각하였고, 그러므로 인출은 1857년인 것이다.

Ⅲ. 경전經典과 석가여래釋迦如來의 인지因地

1. 『비화경悲華經』의 구성

초의스님은 서문에서도 인지因地를 강조하고 있지만, 그가 쓴 『유적고』
의 '석가여래인지'에서는 『비화경』을 들어 여래의 인행因行이 대사의 인
행이기 때문에 쓴다고 하고 있다.10) 『비화경』은 범어로는 'karuṇā-puṇḍ

arīka-sūtra'이며 '자비慈悲의 백련화경白蓮華經'이란 뜻이 있다. 한역으로는 『대승비분타리경大乘悲分陀利經』 또는 『비연화경悲蓮華經』으로 제목한 경전이 이에 해당한다. 다시 이를 줄여 『비화경悲華經』이라고 한다.

일반적으로 경전에서의 성불은 정토에서 하고 있지만, 『비화경』에서는 예토에서 성불을 보이고 있는 것을 특징으로 한다. 그리고 경은 정토성불과 예토성불을 대조하는 방식으로 서술하고 있어, 정토경전류로 분류하기도 한다. 경전은 아미타불 및 석가여래의 본생을 설명하고 있다.

경전의 구성은 6품으로 구성되어 있다. 첫 번째의 전법륜품轉法輪品과 두 번째 다라니품陀羅尼品은 아미타불의 극락세계에 있는 연화존여래의 연화세계를 유사하게 묘사한다. 세 번째 대시품大施品은 적의보살寂意菩薩이 부처님이 예토에 출현하는 이유를 묻고, 부처님께서 깨끗하지 못한 국토에 출현하는 것을 설명한다. 대비심으로서 전생의 서원誓願 즉 본원本願으로 온 것임을 설명한다. 그 예로 무쟁염왕無諍念王의 고사를 들어 증거를 보인다.

네 번째는 제보살본수기품諸菩薩本授記品으로 수기의 인연을 설명한다. 무쟁염왕이 신하인 보해寶海에게 정토에서 성불하리라는 서원을 일으키도록 권고하며, 그 연유로 보장여래寶藏如來로 태어나게 되는 수기를 받으며, 반드시 미래에 무량수불을 이룰 수 있다고 한다. 또 천명의 왕자에게 수기를 주게 되는데 각각의 이름이 관세음, 득대세, 문수사리, 보현, 아촉불 등이다. 보혜에게는 80명의 아들과 제자 3억 인이 있는데, 각각 무상의 보리심을 발하여 예토에서 성불하는 수기를 받는다. 그리고 보혜寶海는 500가지의 서원을 일으켜서 오탁악세에서 성불하리라는 원을 세운다. 보장여래寶藏如來가 수기를 받고 성불할 때의 이름이 석가여래이다. 이를 대비보살大悲菩薩이라고 부른다.

....

10) 초의, 『震默禪師遺蹟攷』, 한불전 10, p.881상.

다섯째는 단바라밀품檀波羅蜜品으로 대비보살의 보살행을 서술하고 있다. 보시바라밀을 한 주제로 하여 지난 여러 가지 본생담本生談을 기록하고 있다. 여섯째는 입정삼매품入定三昧門品으로 석가여래가 정정定에 들어 있는 삼매의 종류를 보이며, 이 삼매를 열한 10가지 경전의 이름을 들고 있다.

이와 같이 『비화경』은 정토에서 성불하기 전에 예토인 오탁악세에서 보시바라밀의 바라밀행으로 성불하는 내용으로 전개된다. 보시바라밀의 보살행을 자비의 백련화라고 칭한다.

2. 석가여래인지釋迦如來因地와 진묵의 인지因地

초의스님은 김기종이 부탁한 '진묵조사유적고'의 중심인 진묵의 신이를 기록하고, 다시 '석가여래인지'라는 내용의 글을 붙이고 있다. 그리고 제목에 '여래의 인행因行이 곧 나의 스승의 인행이므로 여기에 인용하여 쓴다(如來因行 卽吾師之因行 故引書于此)'라고 하는 주석을 한다. 진묵대사의 행은 바로 석가여래의 인행과 같은 것이라는 것이다. 전해지는 전설적인 신이와는 달리 정확한 경전적인 근거를 제시하고 있어 주목된다.

▼ 『비화경』에서 다음과 같이 말한다. 대비보살大悲菩薩이 보혜범지寶慧梵志로 있을 때, 보장불寶藏佛이 계신 곳에서 500서원을 내었다. 그 중 하나의 서원이 다음과 같다. '세존이시어. 만약 내가 선근을 성취하여 이익을 얻는다면, 보시하고[布施] 계를 지키며[持戒] 많이 묻는[多聞] 공덕 모두를 지옥에서 고통을 받는 중생에게 보시하여, 그들이 이 선근의 공덕으로 지옥을 벗어나 인천에 태어나 부처님이 법을 설함을 듣고 성인의 도과道科를 이루어 열반에 들도록 하겠습니다.……'11)

....

11) 초의, 『震默禪師遺蹟攷』, 한불전 10, p.881상., "悲華經日 大悲菩薩爲寶海梵志時 於寶藏佛所發五百誓願 其中一願日世尊 若我善根成就 得己利者 如布施持戒多聞

대비보살은 석가여래로 과거에 보혜범지로 있을 때 보장불이 계신 곳에서 500서원을 내는 장면이다. 이는『비화경』제보살본수기품諸菩薩本授記品의 내용을 인용한 인용문이다. 실재 경전에서는 부처님께서 적의보살寂意菩薩에게 설법하며,[12] 적의보살은 대시품에서 부처님께서 예토에 태어나는 이유를 질문하는 보살로 상정되어 있다. 그런데 초의스님은 대비보살을 석가여래로 말한다. 보혜보살이 서원을 말하자 대지가 흔들리는 상서로움을 보인다. 시방 세계의 불佛이 상서로움을 설하게 되는데, 초의스님는 동방의 세계 만을 인용한다.

동방에 있는 세계의 이름은 선택진보세계이며, 그곳에는 보월여래가 계신다. 그 회상에 보상·월상보살이 있는데, 땅이 흔들리는 상서로운 이유에 대하여 질문을 한다. 동방의 세계에서 다시 서방의 세계에 산제람删提嵐세계가 있다. 그 곳에 보장불이 계시는데 그 회상에 있는 한 보살이 대비의 마음으로 오탁악세에 있는 중생을 구제하리라는 500가지 서원을 낸다. 그래서 부처님께서 아뇩보리의 기별을 주시었기 때문에 그 징표로 다른 보살을 깨우치기 위해 국토에 광명을 놓고 꽃비를 내리고 대지가 진동한다고 한다. 시방에 이와 같이 다른 세계가 있고, 모두 땅이 흔들리는 '지륙종동地六種動'으로 보살을 깨우치는 인연이다.[13]

여기에서 가장 중요한 것은 '보시布施'와 '지계持戒'로 '다문多聞'하는 공

功德 悉皆施與諸地獄中受苦衆生 令彼乘此善根功德離地獄 出生於人天 聞佛說法 成聖道果 入於涅槃."

12)『비화경』, 대정장 3, p.212중-하., "佛告寂意菩薩 善男子 爾時 寶海梵志在寶藏佛所 諸天大衆人非人前 尋得成就大悲之心廣大無量 作五百誓願已……(중략)……世尊 若我善根成就得已利者 我之所有布施持戒多聞思惟悉當成就 以是果報皆爲地獄一切衆生 若有衆生墮阿鼻地獄 以是善根 當拔濟之 令生人中 聞佛說法卽得開解 成阿羅漢速入涅槃……."

13) 초의,『震默禪師遺蹟攷』, 한불전 10, p.881상., "爾時東方選擇眞寶世界 有寶月如來 其佛會中 有二菩薩 一名寶相 二名月相 白彼佛言 以何因緣 地震六種 天雨四花 有大光明 時彼如來 告二菩薩……."

덕이 있어야한다는 것이다. 이 때 보살행을 닦는 보살은 4가지 법의 게으름을 버리고 4가지 법의 정진을 익혀야 서원을 낼 수 있고 기별을 받을 수 있다. 이를 사법해이四法懈怡와 사법정진四法精進이다. 초의스님은 이와 같은 내용이 전개되는 부분을 인용하고 있다.

인용 문장과 경문을 비교해보자. 먼저 해이법을 보면 다음과 같다.

▼ (초의스님 인용문 해석)
보살에게는 사법해이四法懈怡가 있다. 무엇이 4가지인가.
첫째는 청정한 세계를 취하기를 원하는 것이다.
둘째는 선심善心으로 조복하여 여러 대중 가운데서 보시로 불사를 짓기를 원하는 것이다.
셋째는 성불을 하고 성문과 벽지불에게 법을 설하지 않기를 원하는 것이다.
넷째는 성불을 하고 수명이 오래하기를 원하는 것이다.
이것을 보살의 사법해이四法懈怡라고 한다. 이것은 보살이 꽃과 같으며 다른 꽃이 아닌 것이며, 보살이 분타리화 같다고 말하지 않는 것이다.

▼ (한불전)
菩薩四法懈怡 何等爲四
一者願取淸淨世界
二者願於善心調伏 白淨衆中施作佛事
三者願成佛已 不說聲聞辟支佛法
四者願成佛已壽命無量
是名菩薩四法懈怡 是謂菩薩辟如餘花 非謂菩薩如芬陀利花[14]

(비화경)
梵志 今聽菩薩四法懈怠 何等四

....

14) 초의, 『震默禪師遺蹟攷』, 한불전 10, p.881하.

一者願取清淨世界
二者願於善心調伏　白淨衆中施作佛事
三者願成佛已　不說聲聞辟支佛法
四者願成佛已壽命無量
是名菩薩四法懈怠　是謂菩薩譬喻餘華　非謂菩薩如分陀利[15]

　　보살이 하지 말아야 할 4가지 게으른 법을 말한다. 『비화경』은 정토에
서 성불하는 것을 주장하지 않고, 오탁악세인 예토에서 중생을 제도하는
내용을 담고 있는 경전이다. 보살도 예토에서 성불해야하므로 청정한 세
계를 취하면 안된다. 또 보살이 성불하고 수명이 길기를 바라면 안된다.
만약에 원한다면 중생의 세계에서는 게으른 보살이 되며 '분타리'와 같지
않다. '분타리'는 『묘법련화경』 후서(後序)를 쓴 승예僧叡에 의하면 연화의
이름이 3가지 중에 한가지이다. 꽃 중에 가장 수승한 것은 연화蓮華인데,
꽃이 아직 피지 않았을 때는 이름이 '굴마라屈摩羅'이고, 펴서 떨어지려고
하면 이름이 '가마라迦摩羅'이며, 아주 성할 때에 이름이 '분타리芬陀利'라
고 한다.[16] 또 『일체경음의』에서는 『대반열반경』 수량품의 음의를 해석
하여 '우발라화優鉢羅花는 청青이며, 구물두화拘物頭花는 황적黃赤이며, 파
두마화波頭摩花는 적赤이며, 분타리화分陀利花는 백색白色의 꽃이라고 한
다.[17] 연꽃의 색인 청황적백青黃赤白은 『유가사지론』의 현색顯色 가운데 기
본 4색인 varṇa-rūpa이다. 현색은 볼 수 있는 색의 근본색으로 백색이 가장
수승하며 길상吉祥이라고 한다.[18] 예토에서 가장 성하게 핀 연화의 색이

----

15) 『비화경』, 대정장 3, p.218중.
16) 『妙法蓮華經』, 대정장 9, p.62중., "法華經者 諸華之中 蓮華最勝 華尙未敷 名屈摩
　　羅 敷而將落 名迦摩羅 處中盛時 名芬陀利."
17) 『一切經音義』. 대정장 54, p.464상., 大般涅槃經音義 壽命品 "優鉢羅花(此云青色
　　蓮花是也) 拘物頭花(此云黃赤蓮花也) 波頭摩花(此云赤蓮花其花莖有毛刺者也)
　　分陀利花(此云白色蓮花也)."

백색일 때, 즉 부처님의 보살행이 예토에 가득할 때 부처님의 자비가 충만한 것이다. 청정한 세계를 취하는 것이 아니라 예토에서 중생을 구제하는 것으로 분타리를 상징한다. 그렇기 때문에 보살이 청정을 취하면 백색의 분타리화가 아닌 것이다.

다시 4가지 정진법을 초의스님에 인용문과 경문을 비교해보자.

▼ (초의스님 인용문 해석)
또 선남자야. 보살은 사법정진四法精進이 있다.
첫째는 깨끗하지 못한 세계를 취하는 원이다.
둘째는 깨끗하지 못한 사람 가운데서 보시로 불사를 짓는 것이다.
셋째로 성불을 마치고 삼승에게 법을 설하는 것이다.
넷째로 성불을 마치고 수명이 길지도 않고 짧지도 않은 치우치지 않음을 얻는 것이다.
이것이 보살의 사법정진四法精進이다. 이것을 보살의 분타리라고 하며 다른 꽃은 아니다.

▼ (한불전)
又善男子 菩薩有四法精進 一者願取不淨世界 二者於不淨人中施作佛事 三者成佛已 三乘說法 四者成佛已 得中壽命不長不短 是名菩薩四法精進 是謂菩薩芬陀利花 非餘花也[19]

(비화경)
梵志 菩薩有四法精進 何等四 一者願取不淨世界 二者於不淨人中施作佛事 三者成佛已 三乘說法 四者成佛已 得中壽命不長不短 是名菩薩四法精進 是謂菩薩如分陀利 非如餘華 是名菩薩摩訶薩[20]

- - - - - - - - - - - - - - - - - - -
18) 『阿毘達磨大毘婆沙論』, 대정장 27, p.440중., "問四顯色中何者最勝 尊者世友作如是說白色最勝 世共說此是吉祥故."
19) 초의, 『震默禪師遺蹟攷』, 한불전 10, p.881하.
20) 『비화경』, 대정장 3, p.218중.

4가지 정진법도 경문과 일치하고 있다. 4가지 해이법과 달리 보살이 예토를 취하고, 예토에서 보시하고 예토에서 삼승에게 설법하는 것을 분타리라고 한다. 즉 '자비의 하얀 연꽃'은 예토에서 깨끗함과 더러움에 분별이 없는 보살행을 실천하는 것이다.

초의스님이 인용한 해이법과 정진법은 『비화경』 제보살본수기품諸菩薩本授記品의 내용이다. 500가지 서원 가운데 한 가지 서원으로 수기를 받고 중생세계에서 중생을 교화하는 것이다. 이때 보살이 행할 법은 4가지로 귀결한다. 깨끗한 세계를 취하지 말고, 깨끗하지 못한 중생의 세계에서 정진하는 것이다. 깨끗한 세계에서 보시하는 것이 아니라, 깨끗하지 못한 세계에서 보시로 부처님의 일을 짓는 것이다. 성불을 마치고 삼승에게 법을 설해야한다고 하는 것은 대승보살의 일승 실천의 강조이다. 성불을 마치고 수명이 길고 짧음이 없음을 아는 것이다. 오탁악세의 세계에서 실천하는 보살의 정진 이것을 분타리화라고 한다는 것이다. 분타리는 부처님이 경에서 설법하신 법인 것이다.

동방의 선택진보세계 서쪽에 있는 산제람刪提嵐세계에서 수기를 받는 3주인공은 대비보살, 보혜범지, 보장불이다. 이 3인을 종효(1151~1214)는 『낙방문류』에서 '삼성인원수기명호三聖因願授記名號'라고 한다.21) 대비보살은 전륜성왕으로 무쟁념無諍念이며, 보혜, 보장을 삼성이라고 한다. 세 성인이 수기를 받아 서원과 같이 오탁악세에서 보시행을 보이는 화현이 석가여래이다. 초의스님은 『비화경』에서 보장불이 발원한 500가지 서원에서 진묵스님의 화현을 증거로 보이고 있는 것이다.

....

21) 종효,『樂邦文類』, 대정장 47, p.151하., "悲華經 三聖因願授記名號 往昔過恒河沙
阿僧祇劫有世界 名刪提嵐 劫名善持 有轉輪王 名無諍念 主四天下 有一大臣 名
曰寶海 是梵志種時生一子 有三十二相八十種好 常光一尋生時 有百千諸天 來
共供養 因爲作字 號曰寶藏 其後出家 剃除須髮 成菩提道 還號寶藏 如來廣爲聖
王說於正法 王請如來及諸聖衆 三月供養."

진묵스님의 활동 시기는 1600년대 초반이며, 초의스님의 활동 시기는 1850년대 중반이다. 약 200여년이 흘러서 초의스님은 진묵스님의 행장을 정리하며 그 흔적을 경전에 근거하여 구성하고 있다. 서문에서 초의스님이 강조하고 있듯이 약사여래는 보살행을 닦을 때 12가지 서원을 세웠고, 아미타불은 법장비구였을 때 48원을 세웠다. 보혜범지로 있을 때 500가지 서원을 세운 인지因地로 화현하는 석가여래는 고해는 넓어지지만 서원의 크기에 비할 것이 아니라고 한다. 세상 소원의 괴로움은 괴로움을 괴로워하면서 괴로움을 버리고 즐거움을 구하려 하지만 괴로움도 가지 않으며 즐거움도 오지 않는다. 그러나 부처님의 서원이라면 괴로움은 저절로 가고 즐거움은 저절로 온다. 이것은 세간의 서원과 부처님의 서원이 서로 감응하는 것이 다르기 때문이다. 중생을 제도하려는 큰 서원이기 때문에 성불한 후에도 근본 자리에 머무르지 않고 중생 세계에 화현하여 제도하는 것이다.

결국 진묵스님이 유불을 넘나들고 신이를 보인 보살행은 이 석가여래가 보인 '지륙종동地六種動'의 신표와 같다는 주장이다. 초의스님은 제보살본수기품諸菩薩本授記品의 내용으로 진묵스님의 인지因地를 보이고, 진묵의 신이한 행적들은 수기를 받은 보살의 화현으로 그려내고 있는 것이다. 진묵스님은 대비보살과 같이 예토인 오탁의 중생세계에서 보살행을 실천하고 있다. 이러한 뜻으로 초의스님은 진묵스님의 행장을 정리하며 『진묵선사유적고』라고 이름하였을 것이다.

Ⅳ. 소석가小釋迦로 화현하는 진묵

『유적고』에는 진묵스님의 다양한 이야기들이 있다. 동녀童女가 스님을 사랑하다가 죽어 시동인 기춘奇春이 되어 모악산 대원사에서 함께 산 이야기, 전주 노막촌에 사는 노모를 위해 여름 모기를 퇴치한 이야기, 어머니를 유앙산維印山에 장사를 지내고, 그 무덤을 쓸고 술을 권하며 제사를 지내면 농사가 잘된다는 이야기, 술을 곡차라고 부르는 이야기, 나한이 어려움에 처하게 될 아전을 구하는 이야기, 나한이 진묵을 물에 빠뜨리는 이야기 등 약 18가지의 설화가 전한다.

이 전설적인 이야기 속에는 진묵스님이 민중 속에게 현실적인 문제를 함께 고민하는 모습이 담겨져 있다. 어머니에 대한 지극한 효심은 농사의 풍요를 가져오고 있으며, 나한을 시켜 착한 아전을 구하기도 한다. 살생과 음주로 파계가 되더라도 생선국이 된 물고기는 살아서 물속을 헤엄치고, 술을 주지 않는 스님은 금강역사에게 매를 맞는다. 비록 출가자의 입장에서 계戒를 파하는 것이지만 진묵에게는 허물이 아닌 것이다. 그의 행 자체가 대비보살 즉 석가모니 부처님의 화현으로 중생을 구제하는 보살 행이었기 때문이다.

진묵스님이 민중과 함께하는 행의 이야기는 시간이 지남에 따라서 각색되며 민중 자신들은 염원을 담아내려고 노력하였을 것이다. 특히 화현이라는 신이함은 입에서 입으로 옮기며 풍부한 문학적인 주제를 제공하는 근거가 되었음에 틀림없다. 아마도 선사가 가지는 삼매라는 이미지를 통해 더욱 구체화 되었을 것이다. 대원사에서 같이 산 기춘의 이야기는 대승을 수행하는 대비보살의 삼매 중에 하나인 이락[離樂三昧]로 가능하다. 이 삼매는 모든 법이 즐거움에 집착함을 여읜 것을 말한다.[22] 예토에 있으면서도 4가지 해이법과 4가지 정진법을 잘 수행하여 즐거움에 집착하지 않는다는 의미이다.

또한 초의스님은 『비화경』에 나타나는 500서원을 세운 석가여래의 모

....
22) 『비화경』, 대정장 3, p.221중., "有離樂三昧 入是三昧 於一切法得離樂著."

습에서 진묵스님의 참 모습을 보았다. 유가에서는 효孝를 실천하는 모습에서 유불의 소통을 발견하고, 민중은 진묵에 빗대어 자기의 이상 세계를 펼쳤다. 같은 소재를 가지고 화합의 양상과 대결의 양상이 공존하는 모습도 가지게 되었다. 시간이 지남에 따라 내용을 구성하는 소재는 더욱 다양화 되었겠지만, 가장 중요한 키워드인 '여래의 화현'은 후신後身, 응신應身, 화신化身, 불거촌의 살아 있는 부처 등으로 변용되며 생명력을 가지게 되었다.

『유적고』의 서문과 발문, 이야기 속에서 편찬자들은 반복하여 석가여래의 후신으로 표현하는 것이 하나의 증거인 것이다.『유적고』 원문에 주석을 하여 화현임을 세 곳에서 설명한다. 첫번째는 나한에게 물에 빠지는 조롱을 당하고 나서 진묵스님이 지은 게송과 그 설명이다.

▼ 寄汝靈山十六愚　네에게 부쳐보니 영취산의 어리석은 16인이여
　樂村齋飯幾時休　마을에서 즐기는 잿밥은 어느 때에 쉬려나.
　神通妙用雖難及　신통과 묘용은 누구도 미치기 어렵지만
　大道應問老比丘　큰 가르침은 늙은 비구에게 응당히 물어야하네.23)

석가여래는 처음으로 가섭존자와 18아라한에게 법을 주어 천상과 인간을 복되게 한다고 한다. 진묵스님 내지 초의스님 당시는 나한을 그림이나 상으로 모실 때 16존자로 갖추지만, 때로는 제밀다라존자와 빈두루존자를 더하여 18존자라고 한다는 것이다. 하지만 진묵은 나한을 단지 신통만 뛰어났지 아직 大道에는 이르지 못한 소승이라고 비웃는다. 여기에서 한국에서 아직 발견되지 않은 조선시대의 18나한의 모습을 알 수 있다. 제밀다라는 16나한의 명칭을 언급한 『법주기法住記』를24) 지은 난제밀다라

....

23) 초의,『震默禪師遺蹟攷』, 한불전 10, p.879상., 상단의 설명.
24) 신광희,「한국의 나한도 연구」, 동국대학교 박사학위논문, 2010, p.19., '2.나한의 존명

존자의 오기로 보여지며, 빈두루는 걸식[乞]이란 뜻이 있다. 초의스님은 걸식하는 진묵스님을 석가여래의 설법을 직접 듣는 나한으로 묘사하고 있는 것이다.

'영산靈山'은 영취산으로 석가여래가 1천 2백 아라한 제자를 거느리고 항상 설법하는 곳이다. 대사가 이 지방에 화현하였지만 원래는 영취산의 주불主佛이라고 한다. 나한이 대사보다 이 지역에 먼저 화현하였으나 대사가 가르친 제자이기 때문에 이렇게 희롱할 수 있다는 것이다. '노비구老比丘'는 대사 자신이며, 소소한 신통으로는 대사를 속일 수 없으므로 원래의 가르침을 보인다는 것이다. 나한의 조롱은 진묵이 영취산에서 설법하는 석가여래의 화현으로 부처님의 원래 가르침을 보이고 있다는 설명이다.

둘째는 이야기 마지막 부분에 지공誌公과 쌍림雙林 전대사傳大士의 임종은 도솔천에서 내려와 석가를 돕기 위한 것과 같이 진묵도 그러하다는 설명이다.25) 그리고 경증을 『법화경』과 『반니원경』으로 든다. 뱀이 껍질을 벗고 다시 다른 곳에서 노닐지만 실제로는 죽지 않는 것과 같이 영취산에서 여래는 멸도하였으나 진묵은 이곳에서 화현한다는 것이다. 여래는 영산靈山에 머무르면서 열반에 든 적이 없지만, 열반에 드는 것을 보여 세간의 생노병사를 따라서 중생을 교화한다. 부처의 몸 뿐만 아니라 비구·비구니·국왕·재상·거사·부녀·동녀 등의 몸까지 모든 몸에 나타나 그 무리를 해탈시킨다. 진묵대사가 이 남염부제의 한 작은 석가의 화현으로 석가를 돕고 있다는 것이다.

셋째는 초의스님의 서문에 보인다.26) 진묵대사를 '서천의 유마거사維摩

과 구성 참조'.『법주기』는 16나한의 존명을 기록한 경전의 일종이며, 스리랑카의 승려인 난제밀다라(難提密多羅, 번역하면 慶友尊者라고 함)가 불멸 후 800년 후에 설법을 기록한 경전의 종류. 16나한, 18나한, 500나한 등에 대하여 자세하게 비교하고 있어 참고하기가 편리하며, 18나한도는 한국에서 발견할 수 없다고 한다.

25) 초의, 『震默禪師遺蹟攷』, 한불전 10, p.880하., 하단의 잔주 설명.

居士가 비아리성에 화현한 것은 바로 금속金粟여래의 후신이며, 금릉의 보지선사寶誌禪師가 제齊와 양梁나라 세상에 화현한 것은 관음불의 응신이며, 쌍림의 선혜대사善慧大士가 소량蕭梁의 세상에 화현한 것은 미륵불의 응신이며, 우리나라 동국의 진묵대사가 명조明朝의 세상에 화현한 것은 즉 석가여래의 응신이다'라고 한다.

금속은 유마 이전의 이름이다. 금속여래는 정명淨命의 본적本迹으로 묘희妙喜에 머무르는 무동보처無動補處인데,27) 이를 후신이라고 하였다. 장승요張僧繇는 보지선사를 11면 관음보살로 묘사하고, 선혜대사는 『지월록』에서 가지고 왔다. 관음불의 응신이라고 한 보지선사의 이야기를 "본전운本傳云"이라고 하여 인용한 곳을 밝힌다. 실제는 『사미니율의요략술의[淸]와28) 『불조통기[南宋]』에서29) 인용한 내용이다. 미륵불의 응신이라고 한 선혜대사의 내용은 『불조역대통재[元]』와30) 『불조통기[南宋]』에서31) 인용하고 있다. 남송, 원, 청 등에서 저술된 다양한 전적들을 인용하고 있음을 알 수 있다. 그리고 진묵스님은 명나라 때 이 세상에 응신으로 화현하였다는 것이다. 관음·미륵·석가여래 등으로 화현을 설명하는 것은 모습의 다양성을 증거로 드는 것이다.

이와 같이 『유적고』의 주석적인 설명은 모두 석가 화현을 주장하는 공통점을 가진다. 특히 석가여래의 설법을 직접 듣는 나한의 모습으로 그려진다. 이것은 초의스님이 활동하던 당시 진묵스님은 석가여래로 인식하였다는 증거이다. 그 모델을 예토성불사상을 담고 있는 『비화경』을 바탕

---

26) 초의, 『震默禪師遺蹟攷』, 한불전 10, p.877중., 중단의 잔주 설명.
27) 智顗, 『維摩經玄疏』, 대정장 38, p.546하., "第五正辨淨名本迹者 舊云 本是金粟如來 迹居妙喜爲無動補處."
28) 書玉, 『사미니율의요략술의』, 신편속장경 60, p.322하.
29) 志磐, 『불조통기』, 대정장 49, p.348중.
30) 念常, 『불조역대통재』, 대정장 49, p.549하.
31) 志磐, 『불조통기』, 대정장 49, p.244중.

으로 자비의 백련화로 그려내고 있음을 알 수 있다. 활짝 핀 가장 수승한 연꽃이다. 그러나 예토에서 삶을 사는 진묵의 모습은 진흙에서 피는 연꽃과 같으나 중생과 다르지는 않다. 운고스님도 발문에서[32] 석가의 현기懸記에 쓰인 나옹스님과 바로 진묵스님이라는 것이다. 또 김학근의 발문에서도[33] '석가불소화신釋迦佛小化身'이라고 하고 있다.

V. 맺음말

지금까지『진묵선사유적고』에 나타난 경전명을 중심으로 그 의미가 무엇인지 분석하여 보았다. 진묵스님은 이 활동한 시기는 임진왜란(1592~1598)을 이은 1600년대 초이다. 중앙집권의 태도는 나약하고 민중들의 삶은 고달프기 한이 없던 때이다. 누구인가가 힘든 삶을 이끌어 주기를 바라는 간절함이 있었을 것이다. 진묵스님은 설화는 이러한 것을 대변이라도 하듯 모티브는 신이한 행적으로 점철되어 있다. 이 행적을 구성과 흐름에서 빼버린다면 이야기 자체가 성립하지 않을 정도로 교화 도구로 사용한다. 석가여래의 화현은 그 상징성은 물론 신이성을 통하여 보다 종교적인 의미와 감동을 불러일으키는 요소이다. 그리고 민중은 현실을 신이한 이야기를 통하여 극복하기도 하고, 변개시키면서 설화문학으로 정착시켜갔다.

『진묵선사유적고』에서 초의스님이 인용한『비화경』은 제보살본수기품

----

32) 초의,『震默禪師遺蹟攷』, 한불전 10, p.883하., "余嘗讀釋迦懸記 有云我滅度後 有一比丘出 名懶翁 我身是也 又一比丘出 名震默 我身是也."
33) 초의,『震默禪師遺蹟攷』, 한불전 10, p.884상., "大師 釋迦佛小化身也 若其靈異之蹟著 於當世者盖多矣."

諸菩薩本授記品의 내용을 인용하고 있다. 예토에서 수기를 받고 중생을 교화할 수 있는 것은 이락삼매의 힘이다. 이락삼매의 이상적 행은 4법해의와 4법정진의 수행으로 가능하며 성취는 예토에서 중생을 교화하는 것이다. 영취산에서 열반을 보였지만 그것은 중생을 따라 생로병사를 보였을 뿐이지 실제로 멸한 것은 아니다. 이 석가여래는 보혜보살로 있었을 때에 500가지 서원을 발하여 수기를 받고 예토에서 성불한다. 자비의 대비보살이며 하얀 꽃의 연꽃으로 묘사하였다. 영취산에서 설법하는 석가모니의 화현인 것이다. 이 석가모니의 화현이 이곳 동쪽나라에서는 바로 진묵스님이다. 석가여래의 수기인 인지因地에서 예토에 화현하여 교화하듯이 진묵스님도 성문인 나한으로 예토에서 화현하여 중생을 교화한다. 중생을 교화하는 방편을 갖추었으며 중생의 모습으로 민중의 마음을 어루만져 주는 자비의 화현인 것이다.

초의스님은 자비보살행의 실천을 『비화경』에서 발견하였으며, 신이를 통해 불교적인 교화를 이루려 하였다. 그리고 민중은 신의를 더욱 이상화하여 많은 이야기들을 만들었다. 초의스님은 이렇게 살아있는 진묵스님의 행적을 하나의 책으로 묶어 후세에 전하고자 『진묵선사유적고』를 만들었던 것이다. 오탁악세에서 중생을 교화하는 석가여래가 진묵스님이란 것을 행장을 통해서 보이고자 한 것임을 알 수 있다. 이것이 진묵스님이 가지는 의미이며 이야기가 재생산되는 이유이다. 보살행의 실천자였던 진묵스님은 우리 마음속에 화현한 석가여래로서 언제나 남아 있는 것이다. 이것이 『진묵선사유적고』에서 경전으로 경증을 들고 있는 의미라고 생각한다.

참고문헌

초의, 『震默禪師遺蹟攷』, 한국불교전서 권10.

『비화경』, 대정신수대장경 권3.

『妙法蓮華經』, 대정신수대장경 권9.

『阿毘達磨大毘婆沙論』, 대정신수대장경 권27.

智顗, 『維摩經玄疏』, 대정신수대장경 38권.

종효, 『樂邦文類』, 대정신수대장경 47권.

志磐, 『불조통기』, 대정신수대장경 49권.

慧琳, 『一切經音義』. 대정신수대장경 권54.

書玉, 『사미니율의요략술의』, 신편속장경 60권.

정신문화연구원, 『한국구비문학대계5-2 전라북도편』, 1981.

황패강, 『신라불교설화연구』, 일지사, 1986.

금산사, 『미륵도량 모악산 금산사』, 금산사, 2005.

정 륜, 「모악산과 불교-진표율사와 진묵대사를 중심으로」, 국제뇌교육종합대학원
       국학연구원, 『학술대회』 vol.3, 2006.

박동춘, 「초의선사의 다문화관 연구」, 동국대학교 박사학위논문, 2010.

신광희, 「한국의 나한도 연구」, 동국대학교 박사학위논문, 2010.

완주 모악산 대원사 문헌집

최선일 編 문화재청 문화재 감정위원

1. 『삼국유사三國遺事』

제3 보장봉로寶藏奉老 보덕이암普德移庵

보장왕이 왕위에 올라 - 정관 16년 임인(642)이다 - 또한 유교·불교·도교를 모두 일으키려 하니, 그때 총애 받던 재상 개소문이 왕에게 말했다.

"유교와 불교는 다 성하나 도교는 성하지 못하니 특별히 당나라에 사신을 보내어 도교를 구합시다."

이때 보덕화상은 반룡사에 있었는데 도교가 불교에 대치함으로써 국운이 위태하게 될 것을 민망히 여겨 여러 번 왕에게 간했으나 듣지 않았다. 이에 신력으로써 방장을 날려 남쪽으로 완산주 - 지금의 전주다 - 고대산에 옮겨 거기서 살았다.

이때가 바로 영휘 원년 경술(650) 6월이었다. … 보덕법사에게는 뛰어난 제자가 열한 명 있었는데, 무상화상은 제자 김취 등과 함께 금동사를 세웠고, 적멸·의융 두 법사는 진구사를 세웠고, 지수는 대승사를 세웠고, 일승은 심정·대원 등과 함께 대원사를, 수정은 유마사를, 사대는 계육 등과 함께 중대사를 세웠고, 개원화상은 개원사를 세웠고, 명덕은 연구사를 세웠다. …

高麗本記云 麗季武德貞觀間 國人爭奉五斗米教 唐高祖聞之 遣道士 送天尊像 來講道德經 王與國人聽之 即第二十七代 榮留王即位七年 武德七年甲申也 明年遣使往唐 求學佛老 唐帝〔謂高祖也〕 許之 及寶藏王即位〔貞觀十六年壬寅也〕 亦欲併興三教 時寵相蓋蘇文 說王 以儒釋熾 而黃冠未盛 特使於唐 求道教 時普德和尙住盤龍寺 憫左道匹正 國祚危矣 屢諫不聽 乃以神力飛方丈

南移于完山州〔今全州也〕 孤大山而居焉 即永徽元年庚戌六月也 …… 師
有高弟十一人 無上和尙與弟子金趣等 創金洞寺 寂滅 義融二師 創珍丘寺 智
藪創大乘寺 一乘與心正大原等 創大原寺 水淨創維摩寺 四大與契育等 創中臺
寺 開原和尙創開原寺 明德創燕口寺 開心與普明亦有傳 皆如本傳 讚曰 釋氏
汪洋海不窮 百川儒老盡朝宗 麗王可笑封沮 不省滄溟徙臥龍

2. 『신증동국여지승람』과 『가람고』 등

1) 『新增東國輿地勝覽』 第33卷, 全州府, 佛宇條.
   '大圓寺 在母岳山'

2) 『輿地圖書』, 全州府, 佛宇條.
   '大圓寺 在母岳山府西北三十里'

3) 『伽藍考』(18세기 간행), 全羅道, 全州條.
   '大元寺 在母岳山西南三十里'

4) 『梵宇攷』(1799년 간행), 全羅道, 全州條.
   '大圓寺 俱在母岳山 高麗 朴春岭 始曰 簿領三年百病身 退公時訪舊
   情親 高低樹密疑無路 次第花開別有春 洞壑陰晴俯仰異 縹霞紫翠暮朝
   新 遠公不用過溪水 自有山人迎送人'

5) 『湖南邑誌』, 全州府, 佛宇條.

6) 『全羅北道各郡邑誌』, 全州, 寺刹條.
   '大圓寺 在郡西南三十里'

3. 대원사재산대장

番號	名稱	員數	品質	形狀	寸法	作者及傳來	摘要
一	釋迦牟尼佛	一	木造塗金	坐形	長四尺三寸 廣二尺	未詳	
二	藥師如來	一	木造塗金	坐形	長三尺三寸 廣一尺七寸	〃	
三	阿彌陀佛	一	木造塗金	坐形	長三尺三寸 廣一尺七寸	〃	
四	獨聖	一	土造塗彩	坐形	長五寸五分 廣一尺	〃	
五	地藏菩薩	一	土造塗彩	坐形	長三尺二寸 廣一尺	〃	
六	道明尊者	一	土造塗彩	立形	長四尺七寸 廣一尺	〃	
七	無毒鬼王	一	土造塗彩	立形	每長四尺 廣一尺	〃	
八	十王	一〇	土造塗彩	立形	每長四尺 廣一尺	〃	
九	判官	二	土造塗彩	立形	每長四尺 廣一尺	〃	
一〇	鬼王	二	土造塗彩	立形	每長四尺 廣一尺	〃	

寺有財産臺帳　　貴重品

寺有財産臺帳

番號	名稱	員數	品質	形狀	寸法	作者及傳來	摘要
一一	將軍	二	塗土彩造	立形	每長四尺八寸	未詳	
一二	童子	一〇	塗土彩造	立形	每長一尺八寸	〃	
一三	錄事	二	塗土彩造	立形	長一尺五分	〃	
一四	觀音菩薩	一	塗土金造	坐形	長七寸	〃	
一五	後佛幀	二	塗紙彩表	掛安	長七尺五寸 廣八尺七寸	明治三九年金振月	
一六	神衆幀	二	塗紙彩表	掛安	長四尺九寸 廣五尺五寸	大正七年草庵	
一七	獨聖幀	一	塗紙彩表	掛安	長三尺七寸 廣二尺七寸	大正九年万聰	
一八	山神幀	三	塗紙彩表	掛安	每長三尺一寸 廣二尺五寸	〃	
一九	現王幀	一	塗紙彩表	掛安	長二尺七寸 廣二尺五寸	大正九年四月万聰	
二〇	十王幀	一	塗紙彩表	掛安	長六尺 廣五尺	昭和三年万聰	
二一	震默幀	一	塗紙彩表	掛安	長四尺一寸 廣三尺三寸	光武十年金振月	

番號	名稱	員數	員數品質	形狀	寸法	作者及傳來	摘要
二二	法華經	一五	紙表	册形	○○ 廣七寸	○○	
二三	七星幀	一	紙表塗彩	掛安	每長四尺五寸 廣五尺五分	隆熙三年度万聰	
二四	無量壽經	一	紙表	册形	長六尺 廣一尺	未詳	
二五	獅子	一	木造	座形	長一尺五寸 廣六寸	〃	
二六	讀壓塔	一	石造	座形	長六尺 廣四尺五寸	〃	
二七	浮屠	五	石造	座形	每長三尺五分 廣一尺	〃	
二八	殿牌	三	木造	座形	每長二尺五分 廣一尺二尺		

（左端欄：寺有財産臺帳・貴重品）

4. 조선총독부 관보(주지선임)

1912년 11월 21일 정규호(94호)

○ 宗敎就得認可

九月一日 全州郡龜耳面 大院寺 徐寶鏡

1915년 10월 14일 정규호(959호)

○ 住持異動

九月三十日 任期滿了
　　　　　　處再任就職　全羅北道全州郡九耳面 大院寺 徐寶鏡
　　　　　　承認

1918년 12월 05일 정규호(1898호)

○ 住持異動

大正七年九月十二日 任期滿了 全羅北道全州郡九耳面 大院寺 徐寶鏡
　　　　　　　　　　再任就職認可　　同　　　　　　同　　　同

1920년 08월 16일 정규호(2405호)

○ 住持異動

大正八年十月十三日 任期滿了 全羅北道全州郡九耳面　大院寺 徐寶鏡

大正九年六月十八日 就職認可　　　同上　　　　同　朴錦谷

1930년 01월 17일 정규호(910호)

○ 住持異動

昭和四年九月十八日 再任就職認可 全羅北道全州郡九耳面　大院寺 朴錦谷

1933년 03월 17일 정규호(1855호)

○ 宗敎　● 住持異動

昭和七年九月十七日 任期滿了 全羅北道全州郡九耳面　大院寺 朴錦谷

同　　八年二月六日 再任就職認可　　同上　　　　同　同人

1936년 06월 08일 정규호(2819호)

○ 宗敎　● 住持異動

　昭和十年二月五日　任期滿了　全羅北道完州郡九耳面　大院寺 朴錦谷

　　　　　再任就職認可　　　同　　　　　同　　　　　同

1939년 07월 18일 정규호(3747호)

○ 宗敎　● 住持異動

　昭和十四年五月十五日　任期滿了　全羅北道完州郡九耳面　大院寺 朴錦谷

　　　　　再任就職認可　　　同　　　　　同　　　　　同

5. 성보문화재 문헌기록(1950년 이전)

1) 불상 조성발원문

(1) 대웅전[1]

施主秩				施主	云洽	比丘	李二上	兩主
		腹藏大施主	承玉 兩主	施主	應淳	比丘	尹許承	兩主
		喉靈桶大施主	鳳春 兩主	施主	先嘿	比丘	洪德承	兩主
釋迦大施主	劉彦方 兩主	喉靈桶大施主	張承業 兩主	施主	雪活	比丘	今安[4]	兩主
佛像大施主	同知 李奉世 兩主	佛像桶大施主	魏厚徽[3] 兩	施主	性學	比丘	李□先	兩主
佛像大施主	印玉 比丘	眞粉大施主	全戒先 兩主	敬訓	浩活	比丘	尹貴承	兩主
体金大施主	裵孝男愛日 兩主	唐荷葉大施主	金日龍 兩主	尙倫	儀尙	比丘	曺卞立	兩主
		引燈大施主	劉戒云 兩主	法連	太元	比丘	裵㫒屎	兩主
体金大施主	通政大夫 閑億世 兩主			明元	太熙	比丘	趙承業	兩主
			金得生 兩主	惠贊	太祐	比丘	李愛龍	兩主
體金大施主	嘉善大夫 朴命伊 兩主		李龍立 兩主	朴貴養		兩主	曺文立	兩主
				金君男		兩主	金金	兩主
面金大施主	金得龍思仰春 兩主		者斤生 兩主	朴順金		兩主	申命伊	兩主
							曺文吉	兩主

· · · · · · · · · · · · · · · · · · · ·

1) 발원문은 가로로 적혀 있는 것을 지면 상 세로로 옮겨 적었고, 실선은 구분을 위하여
　필자가 놓은 것이다.

항목1	비고1	구분2	이름2	비고2	이름3	비고3	이름4	비고4
面金大施主 金石只㖈德	兩主	燈燭大施主	池永福	兩主	李老男	兩主	尹海明	兩主
面金大施主 通政大夫 金軟熙	靈可		一安	比丘	崔龍業	兩主	曺德卜	兩主
面金大施主 福玠	單身	僉知	池萬億	兩主	金山伊	兩主	溫烹老	兩主
胸金大施主 金悅金	兩主	通政大夫	李□男	兩主	朴貴金	兩主	金汝海	兩主
胸金大施主 朴夢吉	兩主	燈燭施 通政大夫	李彥伊	兩主	李卜立	兩主	韓鐵	兩主
手金大施主 梁福	靈可	覆巾施主	者斤德	單身	金金伊	兩主	海淸[5]	比丘
手金大施主 通政大夫 劉莫孫	兩主		難德	單身	吳京好	兩主	學明	比丘
手金大施主 白春山		龍露施主	玄德生	兩主	金民斗	兩主	日軒	比丘
體木大施主 禮承	單身	三線施主	洪會業	兩主	李業立	兩主	性堅	比丘
體木大施主 朴說立	兩主	腹藏施主	洪莫金 順月	兩主	金順伊	兩主	儀衍	比丘
體木大施主 金儀	兩主	供養施主	者斤禮	兩主	李㖈卜	兩主	道機	比丘
供養大施主 雪閑	令可	施主	洪內金	兩主	李於屯	兩主	戒森	比丘
烏金大施主 同知 朴水任	兩主		愛今	兩主	朴良立	兩主	法祐	比丘
烏金大施主 姜福	兩主		何儀厚	兩主	李愛龍	兩主	朴九大	兩主
烏金大施主 莫介	兩主	施主	金許弄	兩主	愛今	兩主	愛花	兩主
烏金大施主 徐臥龍	兩主		金老郞	兩主	朱繼發	兩主	還明	兩主
烏金大施主 一[2]嘿	比丘		金厚孫	單身	金守英	兩主	張命龍	兩主
烏金大施主 金命龍	兩主		李熙	兩主	眞機	比丘	金㲱金	兩主
烏金大施主 金敬守	兩主	施主	李日生	兩主	戒信	比丘	秋難卜	兩主
普施大施主 秋春儀 三月	兩主		李日孫	兩主	印先	比丘	朴世云	兩主
道祐	比丘		金仍邑金	兩主	戒玉	比丘	金吉禮	兩主
供養施主 性祐	比丘		尹彥春	兩主	玉能	比丘	方厚生	兩主
尙岑	比丘	施主	洪葉伊	兩主	戒贊	比丘	李㖈金	兩主
李乙生	兩主		林士男	兩主	敬明	比丘	林栗音同	兩
供養 李㖈男	兩主	施主	金宣伊	兩主	處均	比丘	朴厚生	兩主
金吾男	兩主		朴仁福	兩主	雪草	比丘	全善卜	兩主
金還伊	兩主		金号金	兩主	梁勝元	兩主	朴春山	兩主
烏金施主 姜甘金	兩主		金㲱金	兩主	姜順生	兩主	朴傅金	兩主
裵二男	兩主	施主	洪內山	兩主	姜春梅	兩主	朴眞生	兩主
		施主	金福立	兩主	洪男	兩主	林旺連	兩主
			□德	兩主	洪福	兩主	全南伊	兩主
		施主	金戒先	兩主	金日金	兩主	全福男	兩主
			吳太生	兩主	張卜龍	兩主	朴□福	兩主
		施主	金戒宗	兩主	朱戒永	兩主	全厚	兩主
		施主	愛今	兩主	趙□斤	兩主	崔論承	兩主
			李福立	兩主	宋梅溫金	兩主	崔甘金	兩主
		施主	申哀全	兩主	姜尙金	兩主	全旺秋	兩主
		施主	哀今	兩主	戒誾	比丘	雪梅	比丘
					玉敬	比丘	還伊	比丘
					鮮円	比丘	崔貴害	兩主
					尙明	比丘	牛卜只	兩主
					忠蘭	比丘	黃立伊	兩主
					朱敬好	兩主	李㖈龍	兩主
							克淳	比丘
							趙莫同	兩主
							朴戒民	兩主

	施主	崔京直 兩主	張吉伊 兩主	崔淨其 兩主
襃布大施主　洪得成 諸件介 兩主		金乙仁 兩主	金還永 兩主	金乙里 兩主
襃布大施主 通政大夫 崔彥眞 兩主	施主	李丁禮 兩主	金小生 兩主	李京龍 兩主
		洪岾山 兩主	金永男 兩主	李嵩斤 兩主
金伊生 兩主	施主	金元吉 兩主	金永山 兩主	李斗白 兩主
			金英山 兩主	李廷吉 兩主
末醬施主　金善日 兩主	施主	梁日禮 兩主	金杰山 兩主	李廷礼 兩主
洪益　比丘	施主	金岾山 兩主	春伊 兩主	全京立 兩主
		崔生伊 兩主	朴楚栢 兩主	愛今
洪士天 兩主	施主	崔承伊 兩主	朴得男 兩主	李戒立 兩主
末醬施主　金福立 兩主	施主	只双德 兩主	朴成男 兩主	崔杰龍 兩主
金二生 兩主	施主	論害 兩主	文活元 兩主	崔士雄 兩主
		澤伊 兩主	戒心 比丘	白破回 兩主
閑奉山 兩主	施主	德玠 兩主	戒學 比丘	崔夢鐵 兩主
		金生伊 兩主	杜嘿 比丘	金大生 兩主
方乫福 兩主			智閑 比丘	曺善卜 兩主
末醬施主　朴鐵金 兩主	施主	劉承補 兩主	双玉 比丘	鄭杰龍 兩主
		劉善生 兩主	信軒 比丘	金得先 兩主
鐵物大施主　崔致日 兩主	施主	劉德卜 兩主	熙淨 比丘	朴守花 兩主
金儀金 兩主	施主	劉破回 兩主	淨輝 比丘	梁士龍 兩主
		德礼 兩主	印移 比丘	梁己業 兩主
金自公　單身			性海 比丘	朴金 〃 兩主
	施主	崔奉龍 兩主	電光 比丘	靈元 比丘
		鄭日生 兩主	省准 比丘	智伯 比丘
座臺大施主　張暹伊 兩主	施主	吳流衍 兩主	先各 比丘	金戒修 兩主
坐臺大施主　李丁吉 兩主	施主	尹己雲 兩主	信冏 比丘	金生伊 兩主
坐臺大施主　朴仁福 兩主		玉玲 比丘	性坦 比丘	梁勝男 兩主
腹藏大施主　姜違達 兩主		印宗 比丘	處衍 比丘	金生伊 兩主
腹藏大施主　閑春 兩主		印海 比丘	儀仁 比丘	崔應龍 兩主
		印守 比丘	敬軒 比丘	金生文
				金立伊
				金儀日

2) ㅗ는 '두'자이다.

3) 徵는 '미'자이다.

4) 淸海에 환치 부호가 있다.

5) 무 밑에 ㄱ이 있는 것을 괄호를 넣어 적었다.

(2) 명부전(목조도명존자입상 발견) 조성발원문

前)

道明全6)施主朴契龍

後)

造像願文軸

源夫垂化耶位居地上化現人間長明○
便之門恒濟沉淪之苦隨其善惡賞罰影
從有求皆應無願不從是故造像如蔞7)獲福
無量捨珎財而成功者何罪而不滅何福而不成也現
世信心○敬者何厄而不滅何願不遂耶伏願
主上三殿下万歲〃〃壽万歲法輪常轉於無窮旺
界恒安而不亂亦願各〃隨喜施主等家內邪祟8)
永滅一門子孫等災患消除万福雲興次願緣
化比丘等現世壽福增長後世當證佛果亦願幹
善大化士等現增福壽當生刹之願願以此功德普
及於一切我等與衆生皆共成佛道
康熙二十七年戊辰七月晦日十王造像成功畢役也

證明山人	密嚴比丘	緣化秩
持殿	敏泗比丘	別座 善日比丘
畵員	道岑比丘	彦尙比丘
山中大德	智玄比丘	供養主 元敏比丘

---

6) 全 : 도
7) 蔞 : 삼
8) 祟 : 미상

山人 塔卞比丘	儀暎比丘		性淨比丘
山人 淳益比丘	戒初比丘	冶匠	金仁男
山人 印暉比丘	惠雲比丘		戒雲比丘
	震悅比丘		太海比丘
	法眼比丘	居士	朴龍鶴 單身
	性日比丘		起云
			衍業

施主秩		寺 衆 秩
地藏大施主	李進男 兩主	
	全明生 兩主	
道明施主	朴契龍 兩主	双玉比丘
無毒王施主	金勝田 兩主	印攢比丘
第一王施主	金尙碧 兩主	學信比丘
第二王施主	李承守 兩主	宗修比丘
第三王施主	幼學宋大哲 單身	宗印比丘
第四王施主	林厚進 兩主	方淳比丘
第五王施主	全士男 兩主	首僧 應性比丘
第六王施主	洪哲雄 兩主	持殿 斗元比丘
第七王施主	仇仁每 兩主	三宝 覺雷比丘
第八王施主	白有厚 兩主	
第九王施主	鄭乬屎 兩主	
第十王施主	朴命吉 兩主	
泰山王施主	秋順立 兩主	
	黃時於應伊 兩主	
	林起生 兩主	

	流頭金 單身	
判官 施主	金鶴伊 兩主	
	尹起生 兩主	
鬼王 施主	李還伊 兩主	
	李元日 兩主	
將軍 施主	金悫龍 兩主	
童子 施主	崔南伊 兩主	
	徐永白 兩主	
使者 施主	崔丁世 兩主	
	裵四吉 兩主	
腹藏施主	李元日 兩主	
	李善興 兩主	
	妙寬 比丘	
	金進泗 兩主	
	初〇 比丘	
	覺雷 比丘	
	梁盖知 兩主	
	趙流於應伊 兩主	
鐵物施主	白波廻 兩主	
	金善生 兩主	
	高日龍 兩主	
	禮日 單身	
幹善道人大化士	勝益比丘9)	

. . . .

9) 康熙 五十六年 丁酉 七月 日 刻于內院 移積于普賢寺 門人 錦霞 謹書
募幹親弟秩「勝益」覺海「善行」大裕「法慧」戒定」刻工 別訓」淨益(고경스님 敎示)

勝攢比丘
學文比丘

2) 불화 화기

(1) 대웅전 신중도 神衆幀(1918년)[10]

奉上祝願

臣僧金處○○仁

　○○○○

天皇○○○○萬歲

　○○朝鮮

李大王殿下壽萬歲

總督閣下壽萬歲

　○寺局長渡邊彰

陸軍海軍御萬歲

雨順風調民安樂

天下太平法輪轉

國王皇帝成節道

師長父母往極樂

十方施主皆如意

法界佛子成佛願

山中秩

證明　越海和眞

會主 晴湖學密

    月山奉昕

持殿 影海宗赫

都監 碧翁普演

    玄荷正三

    蓮華泰成

    東化昔奉

誦呪 星湖炳鎭

金魚 草庵世福

    華庵世欽

    義雲鍾晧

鍾頭 永善

供司 ○玉

茶角 壽天

    應順

火坮 金相根

淨桶 李点甫

 施主秩

清信士己亥生

    白貴南

清信女乙未生

  崔氏滿月華

 引勸化主

清信女乙卯生

 吳氏萬德華

 本寺秩

水山師戚

金谷師昕

寶琳

住持　寶鏡

化主雲山泰仁

大正七年戊午四月二十

七日點眼于京城高

陽郡崇仁面三角

山華溪寺

世尊應化二千九

百四十五年三月十

七日

奉安于全羅北道

全州郡龜耳面

母鶴山大院寺

願以此功德

普及於一切

我等與衆生

皆共成佛道

(2) 대웅전 칠성도七星幀(1908년)[11]

隆熙貳年

戊申[12]梧月[13]

. . . .

[11]　綿本彩色, 160.5×141.2

[12]　隆熙貳年戊申은 1908年이다.

七日點眼

奉安于母

岳山大院寺

證明比丘〇〇

　　　　　〇〇

金魚片手〇〇

　　　　　〇〇

化主比丘〇〇

　　　　　〇〇

化主信女〇〇〇

蓮花

　大施主

〇〇生梁氏

保軆

〇山〇〇

福〇〇〇

丙午生鄭貞〇

子庚午生始雄

弟戊午生忠翊

子壬辰生〇〇

癸巳生〇〇〇

丙戌生金〇〇

乙酉生徐俊永

癸丑生李栢奎

乙亥生宋允明

庚寅生李性南

壬辰生宋宿峯

丙子生白宿介

壬寅生白正○

辛未生朴○○

丙寅生宋○○

辛○生○○○

楊氏蓮○○

朴氏○○

崔氏○○

金氏○

壽福俱○

(3) 진묵조사진영震黙大祖師眞影(1906년)[14]

光武十年丙午[15]閏月

十二日造成奉安于

全州府母岳山大院

寺

證明比丘 淸浩華日

金魚比丘 振月天湖

化主比丘 錦谷仁昈

14) 綿本彩色, 114.5×83.5이다.

15) 光武十年丙午는 1906年

施主秩

乾命辛昌甲

坤命韓氏大智花

長子大有丁卯生

　婦崔氏道正花

次子判達癸未生

　婦鄭氏本無實

女息辛氏通流華

坤命辛亥生朴氏

　孫子崔氏壬寅生

坤命戊午生朴氏

女息壬辰生玉珠

乾命丙午生鄭貞翊

坤命崔氏道日華

　子庚午生始雄

　婦甲申生鄭氏

乾命辛亥生徐春福

坤命盧氏大慶華

乾命李興釗

奉母己巳生金氏

願以此功德

普及於一切

我等與衆生

當生極樂國

同見無量壽

皆共成佛道

3) 목패

南無恒住不滅震默大和尙

4) 부도

李氏姓 蓮花[16)]

5) 편액

(1) 大院寺

(2) 冥府殿

6) 명문와銘文瓦

(1) 만력17년(1589)명암막새

大施主□

大施主 鄭加大

萬歷四十七年

大施主 李松□

　　　□里□

16)『전통의 고장 완주』, 완주군, 1982, pp.161~163.

(2) 만력46년(1618)명암막새 1

金□

萬歷四十六年

化師 守□

溫得□

大 施主

□□□

(3) 만력46년(1618)명암막새 2

八
　□
　金佛

萬歷四十六年

化師 守□

溫得□

大 施主

□□□

(4) 사찰명 암기와편

大元寺

7) 목조사자상(전라북도 문화재자료 제9호)

목각사자상은 1988년 12월 1일에 도난당해 현재 사찰에 남아있지 않다.[17]

8) 문집 내 대원사 관련기록

(1) 朴椿齡, 大原寺, 『東文選』第12卷 七言律詩.

簿領三年百病身　공무에 바쁜 3년 병도 많은 몸으로서

----

17) 목각사자상은 대웅전 안에 있다. 이 목각사자상의 크기는 높이 90cm, 길이 135cm로
힘이 센 장정 2~3인이 겨우 들 수 있는 아주 무거운 것이다. 이 사자상에 이용한 나
무의 이름은 자세히 알 수 없으나 괴목(槐木)이라 한다. 이 사자상의 목각은 전북 지
방민속자료 제 9호로 지정 등록되어 있다. 조각된 연대와 조각한 사람이 누구인지 자
세히 알 수 없으나 전하는 이야기에 의하면, 진묵대사가 이 목각사자상을 만들어 이
위에 북을 올려놓고(제사를 지낼 때) 가축을 하늘로 인도하는 데에 북을 쳤다고 한
다. 현재는 사자상의 다리 부분이 약간 떨어져 있다. 그런데 이 사장 등에 경전(경전
(經典) 등을 올려 놓을 수 있게 만들었음을 알 수 있다. 다리는 다른 나무를 이용하여
붙였다(『전통의 고장 완주』, 완주군, 1982, p.163 인용). 이 목각사자상 사진은 『불교
문화재 도난백서』, 대한불교조계종 총무원, 1999, p.191)에 실려 있다.

退公時訪舊情親	공사를 끝내고는 때로 옛 친구 찾아보네
高低樹密疑無路	높고 낮은 빽빽한 숲에 길이 없는가 의심터니
次第花開別有春	차례로 꽃은 피어 봄을 따로 마련했네
洞壑陰晴俯仰異	골안의 날씨는 굽어보고 쳐다봄에 다르고
煙霞紫翠暮朝新	안개의 자주빛·푸른빛은 아침 저녁에 새로워라
遠公不用過溪水	혜원 저 스님은 시냇물을 건널 것 없네
自有山人迎送人	보내고 맞는 산 사람이 있지 않은가

(고전번역연구원 번역 인용)

(2) 『동사열전東師列傳』 第12

震默祖師傳

祖師名一玉 號震默 萬頃佛居村人也 母調意氏生時 佛居草木 三年萎枯 人
咸曰 間氣而生也 生」而不喜葷腥 性慧心慈 又曰 佛居生佛也 年七歲歸全州西
方山鳳栖寺 始讀內典 若刃迎觸解 過」目成誦 不可師授 故衆不知 而小沙彌視
之 住持者 命燒香禮 神衆久之 住持夢神衆齊 謝曰 吾儕」小神 安敢受佛禮乎
願勿復燒香 得晨夕自便也於是衆噪而爲佛再世也 鳳栖寺之五里許 有若」鳳谷
金先生 沙溪先生之高弟也 相與往來 爭席爭竈 爲方外之交 皆一時魁偉之人也
先生借與」綱目 使一奚隨之 師於路信手披閱而了卷一 輒抛之 奚從而拾之 比
及寺盡覽一部 他日先生謂」師曰 借書而抛之何也 曰得魚忘筌 先生抽卷試之
無一字錯焉 一日 先生使女奴餽饌 路見師望」空而立 奴致命 師曰 汝欲有孕乎
奴不應 則師歎其福薄 而恐靈氣之妄泄 遠屛空外 歸語於先生」其過從之頻數
情誼之默契 類多如此 師沙彌時過昌原馬上浦 有童女見愛 而勢不得相從 故遂」
死而爲男子 會師於全州之大元寺 而爲侍童 名曰奇童 師愛之 與之遊戲於離樂
三昧之中 經有」離樂三昧 誰能認眞於居塵獨耀之際 所以無眼衆僧 尙乞師爲奇
春洗麵 師許命 衆僧 同坐展鉢」令侍者各投一針於鉢水中 師鉢之針 變爲細麵

飣飣滿鉢 喫之自若 諸僧之鉢 依舊是一針而已」師居日出庵 母居倭幕村 以蚊
爲苦 師屬山靈 歐蚊於他方 永無蚊子之苦 母沒 歸葬於萬頃北面」維仰山 有掃
除醇侑者 輒得農利 故遠近村人 爭先恐後 至今數百年 封域宛在 香火不絶 師
尙喜」飮 然穀茶則飮 酒云則不飮 有僧漉酒 酒香入鼻往問曰 汝漉甚麽 曰漉酒
師默然退 又往問曰 汝」漉什麽 答之如前 無聊而返 又往問之 答以下酒遂斷望
而返 俄有金剛力士 以鐵棒打漉酒 僧師」棲於邊山扶安月明庵 侍者有忌故 往
俗家 先判齋供 置卓上而啓之曰 供養在此 時至自齋 時師」在方丈內 推窓而坐
以手加闌 而閱楞嚴經 侍者宿家而來 坐如昨日 風戶嚙指而血 忘却收手 閱」經
自若 卓供如舊 侍者問侯 師曰 汝不參祀而徑來耶 蓋入首楞三昧 不知夜之已
經也 每夜自東」燈光 來照尋得 乃淸涼山木覓庵全州地佛燈也」師遂移錫 改爲
遠燈庵 十六羅漢 常與師侍奉 燈光之遠照於日明者 府有一吏 素與師善 欠逋
數」百 而將欲逃之 來辭於師 師曰 負逋逃走 豈男兒事 但歸家 判數斗米 却來
供養羅漢 有好道理 吏去依敎而來 供養羅漢 謂吏曰 府有闕窠麽 曰獄刑吏闕
而甚薄無聊 師曰 勿謂無聊 亟往自請爲之 而幸無過三十日 吏去 師入羅漢堂
以杖次第打羅漢頭曰 某吏事善助之 羅漢現夢於吏曰 儞」有所求 就我言之 何
以枉扣於師傅 致我苦耶 以汝則不顧 師命不可不遵 故視汝事而後無如此」吏知
有助 請爲獄吏 旣已獄訟繁興 囚徒盈陛 三十日內 刷了所連 讓任他吏 未幾 新
吏拘於徵略」之罪 師獨行 途中遇一沙彌 同至樂水川邊 啓曰 小僧先渡 測其淺
深 遂輕輕而涉 師將厲之 身淹」水中 沙彌徑來扶出 始知羅漢見戲 一偈記之曰
寄汝靈山十六愚 樂村齋飯幾時休 神道妙用雖」難及 人道應問老比丘 師値泉少
年 川獵 烹鮮于溪邊 師俯視沸鼎曰 好箇魚子 無辜而受鑊湯之」苦 一少年曰
師欲沾魚羹麽 師曰善喫 小年曰 這一沙鑼盡喫 師攬銅沙鑼灌口頓呼 衆人 佛
戒殺」生 豈僧耶 師曰 殺則非我 活之在我 解衣背水 瀉之無數銀鱗 從後門出
活躍水面 師曰 好個魚子 遠游江海 勿再罹鑊湯之苦 衆人解綱而去 師喚侍者
送鹽于寺南婦谷中 侍者曰 送與阿誰 曰去」當自知 侍者持鹽下谷 獵士數人 方
膾獐肉 思鹽不飮而坐 致鹽于前 皆喜 此必玉老 憐我之飢 活」人之佛 谷谷有

之者 正謂此也 師索水 侍者進溫泔水 接之含數口 向東方噀之後 聞陜川海印

寺」失火 將至沒燒 一陣驟雨 西而至注滅之 其雨滴白濁粘物成瘢 其寺失火之

日 乃師噀水之時也」師住上雲菴 神足輩 以乞糧遠出 月餘乃返 師面上蛛綱 膝

間塵堆 爲之掃塵掇絲 通名拜謁 師曰」儞還一何速耶 師住大元寺全州地 每齋

惟以麥和水而食 諸僧厭薄之 又穢汚其麩 俄有一僧 持」飯盂 自空而來 進於師

師曰 送飯則可 何必親來 僧言小衲見住大芚海南方食 飯盂自動 怪而執」之 爲

神力推引 到此 師方說請齋之由 僧大異之請願朝夕供養 拜辭而出 不霎時 還

其寺 自是飯」往盂來者四年 師語諸僧曰 汝寺當遭七世之厄果至今貧窶云 天啓

壬戌 完府松廣 鴻山無量 同」時塑像 竝請證師 皆不往 各授一物 置證壇 以旋

運觀之用曰 必當善成後 勿率爾改塗 且戒曰 量」寺化僧 點眼前 愼勿出沙門外

松寺送柱杖 卓證壇 日夜孤立不倚 量寺送數珠 安證席 珠常呱呱

錄板草衣意恂 霽山雲皐 校正刊行

(3) 권상로, 『한국사찰전서韓國寺刹全書』

大院寺

○ 在全羅北道全州(今爲完州郡)九耳面母岳山 大本山威鳳寺末寺 太古寺寺法

○ 高麗文宗二年丙午 圓明國師創建 恭愍王二十三年甲寅懶翁王師重創 朝
　鮮光海君四年壬子 震默和尙三創 英祖九年癸丑 東明千照大師四創 高
　宗二十三年丙戌 錦谷和尙五創

저자소개

최선일 _ 문화재청 문화재감정위원

엄기표 _ 단국대학교 교수

한동수 _ 한양대학교 교수

최경현 _ 문화재청 문화재감정위원 / 홍익대학교 겸임교수

이선이(태경) _ 홍익대학교 강사

김요정 _ 충북대학교 목재연륜소재은행 상임연구원

한봉석 _ 충북대학교 겸임교수

박원규 _ 前 충북대학교 교수

사찰연구총서 001

완주 모악산 대원사의 문화유산

초판 1쇄 인쇄   2017년 4월 7일
초판 1쇄 발행   2017년 4월 13일

편 저 자   동북아불교미술연구소

발 행 인   한정희
발 행 처   양사재
총괄이사   김환기
편   집   김지선 나지은 박수진 문성연 유지혜
마 케 팅   김선규 하재일 유인순
출판번호   406-2007-000136호
주   소   파주시 회동길 445-1 경인빌딩 B동 4층
전   화   031-955-9300 팩 스 031-955-9310
홈페이지   www.kyunginp.co.kr
이 메 일   kyungin@kyunginp.co.kr

ISBN 979-11-85228-01-3   93910
값 15,000원